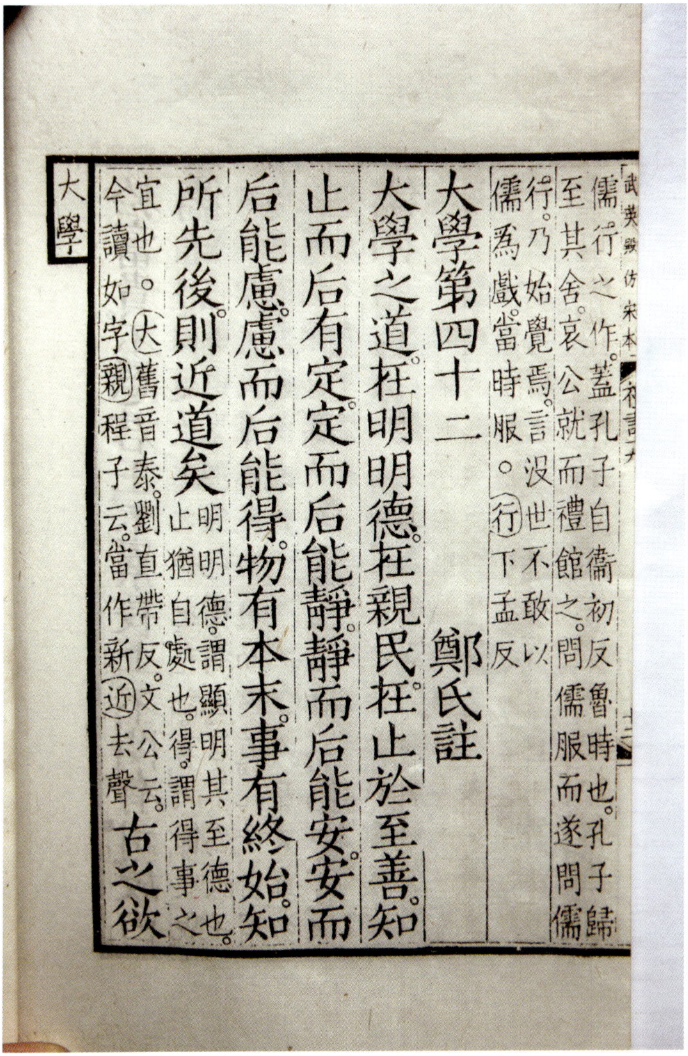
武英殿仿宋本
儒行之作。蓋孔子自衞初反魯時也。孔子歸至其舍。哀公就而禮館之。問儒服而遂問儒行。乃始覺焉。言沒世不敢以儒爲戲。當時服。○行下孟反
大學第四十二　鄭氏註
大學之道。在明明德。在親民。在止於至善。知止而后有定。定而后能靜。靜而后能安。安而后能慮。慮而后能得。物有本末。事有終始。知所先後。則近道矣。明明德。謂顯明其至德也。止猶自處也。得。謂得事之宜也。○大舊音泰。劉直帶反。文公云。今讀如字。親程子云。當作新。近去聲
古之欲
大學

清代武英殿仿宋本《大学》

四書集註直解大學卷之一

宋 朱熹 集注　明 張居正 直解

大學 大舊音泰今讀如字

子程子曰大學孔氏之遺書而初學入德之門也於今可見古人爲學次第者獨賴此篇之存而論孟次之學者必由是而學焉則庶乎其不差矣

大學之道在明明德在親民在止於至善 程子曰親當作新○大學者大人之學也明明之也明德者人之所得乎天而虛靈不昧以具衆理而應萬事者也但爲氣稟所拘人欲所蔽則有時而昏然其本體之明則有未嘗息者故學者當因其所發而遂明之以復其初也新者革其舊之謂也言既自明其明德又當推以及人使之亦有以去其舊染之汚也止者必至於是而不遷之意至善則事理當然之極也言明明德新民皆當止於至善之地而不遷蓋必其有以盡夫天理之極而無一毫人欲之私也此三者大學之綱領也

四書集註直解　卷一　大學　一　彝寶齋印書局印

《四书集注直解·大学》

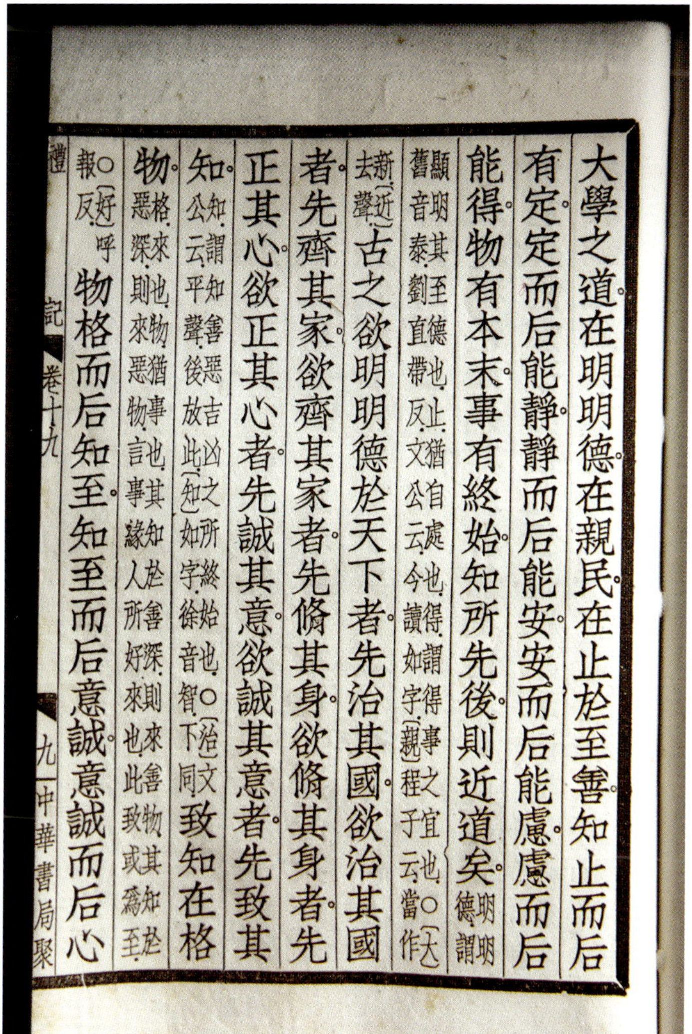
大學之道在明明德在親民在止於至善知止而后有定定而后能靜靜而后能安安而后能慮慮而后能得物有本末事有終始知所先後則近道矣明明德謂顯明其至德也止猶自處也得謂得事之宜也○(大)舊音泰劉直帶反文公云今讀如字(親)程子云當作新(近)去聲古之欲明明德於天下者先治其國欲治其國者先齊其家欲齊其家者先脩其身欲脩其身者先正其心欲正其心者先誠其意欲誠其意者先致其知知謂知善惡吉凶之所終始也○(治)文公云平聲後放此(知)如字徐音智下同致知在格物格來也物猶事也其知於善深則來善物其知於惡深則來惡物言事緣人所好來也此致或爲至○(好)呼報反物格而后知至知至而后意誠意誠而后心

禮記 卷十九 九 中華書局聚

中华书局聚珍仿宋版《大学》

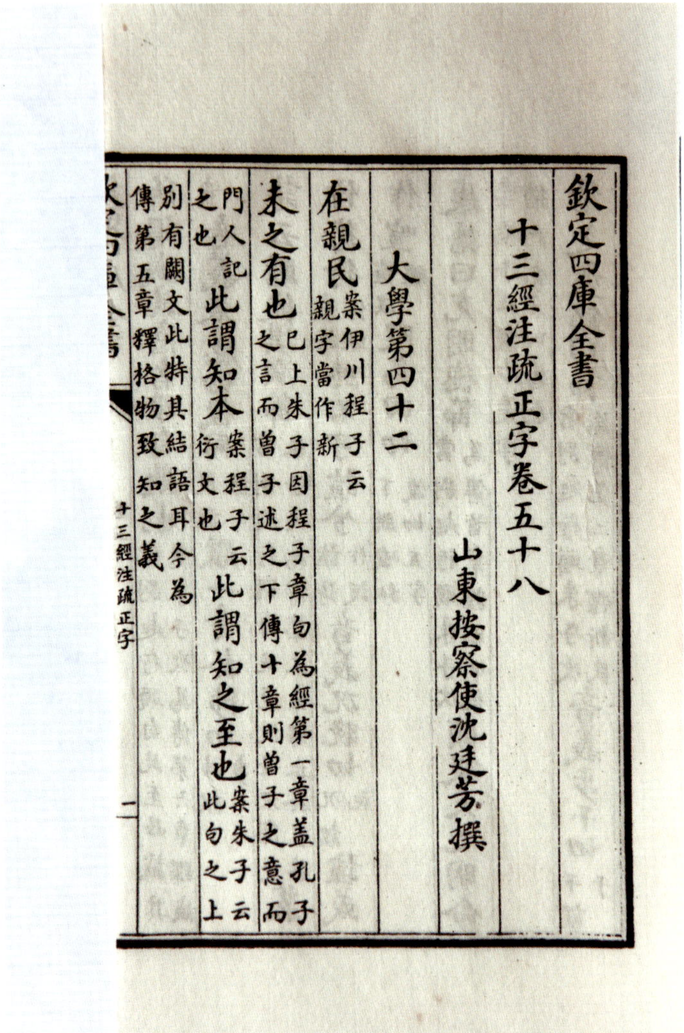
欽定四庫全書

十三經注疏正字卷五十八

山東按察使沈廷芳撰

大學第四十二

在親民 案伊川程子云親字當作新

未之有也 已上朱子因程子章句為經第一章蓋孔子之言而曾子述之下傳十章則曾子之意而門人記之也 此謂知本 案程子云衍文也 此謂知之至也 案朱子云此句之上別有闕文此特其結語耳今為傳第五章釋格物致知之義

《钦定四库全书·十三经注疏·大学》

本《大学》译注本

系全国教育科学规划课题

“‘四书’的现代教育价值”研究成果

中国教育名著丛书

大　　学

刘兆伟 译注

人民教育出版社
·北京·

图书在版编目（CIP）数据

大学 / 刘兆伟译注 . — 北京 : 人民教育出版社 , 2015.10（2023.11 重印）
（中国教育名著丛书）
ISBN 978-7-107-29105-0

Ⅰ . ①大…　Ⅱ . ①刘…　Ⅲ . ①儒家　②《大学》—译文　③《大学》—注释
Ⅳ . ① B222.1

中国版本图书馆 CIP 数据核字（2015）第 260226 号

中国教育名著丛书　大学

出版发行　人民教育出版社
（北京市海淀区中关村南大街 17 号院 1 号楼　邮编：100081）
网　　址　http://www.pep.com.cn
经　　销　全国新华书店
印　　刷　唐山玺诚印务有限公司
版　　次　2015 年 10 月第 1 版
印　　次　2023 年 11 月第 3 次印刷
开　　本　890 毫米 ×1 240 毫米　1/32
印　　张　3
插　　页　2
字　　数　78 千字
印　　数　4 501~5 500 册
定　　价　11. 60 元

《中国教育名著丛书》出版说明

中国教育制度源远流长，教育活动丰富多彩，教育思想博大精深，在数千年波澜壮阔的教育史上产生过无数鸿篇巨制。尤其是近现代以来，许多教育家、思想家、理论家和实践家，通过长期艰辛的教育探索和严密的思考、审慎的研究，撰写了不少对中国乃至世界教育发展产生了巨大而深远影响的伟大著作。即使人类历史进入了21世纪，这些著作仍然保持着强盛的生命力。

实现中华民族伟大复兴的中国梦，促进从教育大国到教育强国的跨越，建立和完善中国特色社会主义教育体系，不仅需要研究外国教育的历史和现状，吸取外国教育的经验，更需要不断提高中华民族教育的自尊、自信、自豪和自觉，全面探讨我国教育的历史和现状，系统总结我国教育的思想智慧，发扬光大我国教育的优良传统。

为了给广大教育工作者提供有关我国教育思想理论著作的读物，特别是给教育科研人员、中小学教师和各级各类师范院校师生提供学习研究参考书，本着“服务教育，促进科研，弘扬学术，繁荣文化”的宗旨，人民教育出版社决定组织专家学者精选在中国教育发展史上产生过并将继续产生重大影响的作品，汇编成《中国教育名著丛书》。这套丛书选收中国古代、近代、现代对中国乃至世界有较大影响的教育名家的富有代表性的教育思想理论著作，包括整本专著、文章汇编或者著作节选。毋庸讳言，本丛书所选收的著作既闪耀着人类教育智慧的光芒，又不可避免地有着时代的局限。我们相信读者会做出思辨，时间会做出判断，实践会做出检验。

为了帮助读者阅读和理解教育名著的内容，我们特请编者或有关专家为每一本书撰写了前言，有的书还附有年表、图片或其他参考资料。当然，前言只是一家之言，而不是对某书的定评，读者完全可以对这本书进行更加广泛、更加深入的研究。

限于水平和经验，本丛书的编辑出版工作或有不少缺点和错误。热诚希望广大读者对这套丛书的编辑出版工作提出宝贵意见，以使之日臻完善。

人民教育出版社文化教育编辑室

2014 年 8 月

《大学》译注本序

刘兆伟教授负责的全国教育科学“十五”规划课题“‘四书’的现代教育价值”研究工作终于全部完成了。刘兆伟教授学而不厌，诲人不倦，潜心学问，历时十余载，他的“四书”译注本，弥足珍贵，深入浅出。透过这四本书，读者可以领悟“四书”的人生智慧、理想境界、核心理念、文化精神、生态伦理、思维模式、管理方略、教育价值、学术思想的恒久魅力。

“四书”是儒家重要的经典，也是中华文化的宝典。《论语》在汉代就是妇孺必读的书。南宋以后“四书”逐渐成为中国人必读的书，是中国人的基本信仰与信念，是中国人的安身立命之道，是家传户诵之学。不读“四书”，不知道做人的尊严、人格的力量、人生的价值与意义。宋代张载（横渠）说：“为天地立心，为生民立命，为往圣继绝学，为万世开太平。”这是中国古代知识分子的文化理想，也是他对儒学精义的概括。按梁启超的说法，“四书”等儒家经典，是两千多年国人思想的总源泉，支配着中国人的内外生活，其中有益身心的圣哲格言，一部分久已在我们全社会形成共同意识，我们既做这社会的一分子，总要彻底了解它，才不致和共同意识生隔阂。

任何一个社会、一个族群，作为其文化土壤或社会文化背景的有两个重要问题：一个叫“文化认同”，一个叫“伦理共识”。所谓“文化认同”或者叫“民族文化的自我身份认同”，讲的是“我是谁”、“我来自哪里”，是个体人所归属的民族文化的基本身份的自我定位，是精神信仰的归向与故园。所谓“伦理共识”，其实是在民众中的一个隐性的，然而又是有约束力的价值观、生活态度、对待家庭与社会的方式以及终极信念的共同点。一个社会、一个族群的生活如果没有“文化认同”与“伦理共识”，那是非常危险、非常可怕的，不免会遭受到脱序的危险。当然也就不可能有健康的现代化，健康的政治、经济、科技、文化的建设。实际上，一个健康的现代化社会、法治社会、工商社会的建构，不能不依赖于“文化认同”与“伦理共识”。再严密的法律，代替不了社会的伦理道德；进一步说，健康的现代化的法治社会恰恰是建立在民众的底线伦理、民众的伦理共识的文化土壤之上的。而“四书”等，正是孕育中华民族的“文化认同”与“伦理共识”的基本经典。其中所讲的包括“仁、义、礼、智、信”等，就是中华民族文化伦理的核心价值观念，一直到今天还深深扎根在老百姓之中，继续为中华民族的成长和复兴起着积极的作用。

包括“四书”在内的人类文明的经典，可以陶冶现代人的性情，治疗现代人的心理疾病。我们学习“四书”等文化经典，不是仅为了增长见闻或者是为了附庸风雅，而是为了安顿自己的身心，接上民族的传统，使自己可以在天地之间站得稳、行得正，在纷纭的世事中找到一处心灵的乐土。“四书”等文化经典所讲的，正是我们平凡的老百姓真正安身立命的精神支柱，是人之所以为人的依据。

《大学》突出了“三纲领”和“八条目”的一致性，它围绕着治国以民为本、以修身为本这一主题展开论证，简洁明了地概述了儒家内圣外王统一、政治和伦理紧密结合的一贯思想。《大学》强调“三纲领”、“八条目”的目的，就是主张从提高社会成员的道德素质入手，在中国大地上建立一个和谐的、有序的社会，使天下太平、人民安康。这种主张代表了广大民众的愿望，对于中华民族的成员具有极强的吸引力，自然会起到凝聚民族群体的作用。

孙中山先生在《民族主义》讲稿中说："中国有一段最有系统的政治哲学，在外国的大政治家还没有见到，还没有说到那样清楚的，就是《大学》中所说的'格物、致知、诚意、正心、修身、齐家、治国、平天下'那一段的话。把一个人从内发扬到外，由一个人的内部做起，推到平天下止。像这样精微开展的理论，无论外国什么政治哲学家都没有见到，都没有说出，这就是我们政治哲学的智识中独有的宝贝，是应该要保存的。"孙先生对《大学》以民为本、以德辅政的理论评价很高，称之为中国特有的"政治哲学"。在他看来，儒家的这个政治哲学相当完整系统，有特色，且有实用价值。他要求革命党人从中受到启发，把民国的政治建设同伦理建设有机地结合起来，使二者同时并进，相辅为用，相得益彰。他认为要造就新的民国，首先应当造就出新的国民；有了新的国民，新的民国才会建立起稳固的根基。

梅贻琦先生在1941年4月发表了一篇文章《大学一解》，即用"大学之道，在明明德，在亲民（新民），在止于至善"三纲领，总结清华大学三十年之经验。以前清华大学男生宿舍有三斋："明斋"、"新斋"、"善斋"，就是以《大学》"三纲领"命名的。梅先生《大学一解》文章中所掌握的事实，是现实与历史的统一、理论与实践的统一、人文与科学的统一。梅先生认为："学子自身之修养为中国教育思想中最基本之部分"，"大学校对社会秩序与民族文化建树风气"。这就是说，大学校的校内任务是"明明德"，大学校的校外任务是"亲民"（新民）。他说："大学有新民之道，则大学生者负新民工作之实际责任者也。""窃以为大学期内，通专虽应兼顾，而重心所寄，应在通而不在专。以无通才为基础之专家临民，其结果不为新民，而为扰民。"

所以我们说《大学》的"三纲领"、"八条目"是治国的方略，建设和谐社会的方略；也是治校的方略，建设和谐学校的方略；还是管理企业的方略，建设和谐企业的方略。《大学》能把人的内心管理以至外在事业的完成一贯连续，包罗无遗，而且本末先后，有条不紊，有志之士，循序渐进，自能修己安人，成己成物。

党的十七届六中全会通过了具有伟大历史意义的《关于深化文化体制改革推动社会主义文化大发展大繁荣若干重大问题的决定》，强调“文化是民族的血脉，是人民的精神家园”，指出：“在我国五千多年文明发展历程中，各族人民紧密团结、自强不息，共同创造出源远流长、博大精深的中华文化，为中华民族发展壮大提供了强大精神力量，为人类文明进步作出了不可磨灭的重大贡献。”“大力弘扬一切有利于国家富强、民族振兴、人民幸福、社会和谐的思想和精神。”我们要大力使中华民族的优秀文化成为新的历史条件下鼓舞我国各族人民不断前进的精神力量。刘兆伟教授译注《大学》，为此作出了努力，取得了重要成果，可喜可贺。

湖南长沙岳麓书院有一对联，上联讲的是“修己”：“是非审之于己，毁誉听之于人，得失安之于数，陟岳麓峰头，朗月清风，太极悠然可会”；下联讲的是“安人”：“君亲恩何以酬，民物命何以立，圣贤道何以传，登赫曦台上，衡云湘水，斯文定有攸归”。

《大学》曰：“自天子以至于庶人，壹是皆以修身为本”，“其本乱而末治者否矣”。如果我们从中央到地方各级领导以及广大民众都能读懂并身体力行“四书”中的修己安人之道、中庸和谐共赢之道，那我们中华民族的凝聚力、向心力、软实力一定会大大增强，有利于建设中华民族共有的精神家园，中华民族的伟大复兴一定能实现！

是为序。

郭齐家

2015 年端午于北京师范大学珠海分校

（本序作者系北京师范大学教育学部教授、博士生导师，中华孔子学会副会长，国际儒联理事会顾问）

本书译注者说明

一、本书中《大学》原文以宋代朱熹《四书章句集注》的《大学》原文为底本，删去朱熹补写的一章，参以清代阮元校刻的《十三经注疏·礼记正义》中的《大学》原文。

二、本书梳理了古今研究《大学》的主要脉络，精选了汉魏以来研究《大学》的主要观点，并力图展现自己的见解。本书以促进中国传统教育经典推广活动的深入开展为宗旨，希望对广大教师和教育科研人员有一定的参考价值。

三、本书每章原文后，有译文、诠评和名家点评。名家点评部分，由于汉魏诸家材料稀缺，弥足珍贵，尽量选纳。唐宋以后不乏有成就的研究者，其研究成果本书难以囊括，只能择要选录。

《大学》原文

大学之道，在明明德，在亲民，在止于至善。知止而后有定，定而后能静，静而后能安，安而后能虑，虑而后能得。物有本末，事有终始，知所先后，则近道矣。

古之欲明明德于天下者，先治其国；欲治其国者，先齐其家；欲齐其家者，先修其身；欲修其身者，先正其心；欲正其心者，先诚其意；欲诚其意者，先致其知；致知在格物。物格而后知至，知至而后意诚，意诚而后心正，心正而后身修，身修而后家齐，家齐而后国治，国治而后天下平。自天子以至于庶人，壹是皆以修身为本。其本乱而末治者否矣，其所厚者薄，而其所薄者厚，未之有也。

《康诰》曰："克明德。"《太甲》曰："顾諟天之明命。"《帝典》曰："克明峻德。"皆自明也。

汤之《盘铭》曰："苟日新，日日新，又日新。"《康诰》曰："作新民。"《诗》曰："周虽旧邦，其命惟新。"是故君子无所不用其极。

《诗》云："邦畿千里，惟民所止。"

《诗》云："缗蛮黄鸟，止于丘隅。"

子曰："于止，知其所止，可以人而不如鸟乎?"

《诗》云："穆穆文王，於缉熙敬止。"

为人君，止于仁；为人臣，止于敬；为人子，止于孝；为人父，止于慈；与国人交，止于信。

《诗》云："瞻彼淇澳，菉竹猗猗。有斐君子，如切如磋，如琢如磨。瑟兮僩兮，赫兮喧兮。有斐君子，终不可諠兮。"如切如磋者，道学也；如琢如磨者，自修也；瑟兮僩兮者，恂栗也；赫兮喧兮者，威仪也；有斐君子，终不可諠兮者，道盛德至善，民之不能忘也。

《诗》云："於戏！前王不忘。"

君子贤其贤而亲其亲，小人乐其乐而利其利，此以没世不忘也。

子曰："听讼，吾犹人也，必也使无讼乎!"无情者不得尽其辞。大畏民志，此谓知本。此谓知本，此谓知之至也。

所谓诚其意者，毋自欺也。如恶恶臭，如好好色，此之谓自谦，故君子必慎其独也。小人闲居为不善，无所不至，见君子而后厌然，揜（掩）其不善，而著其善。人之视己，如见其肺肝然，则何益矣？此谓诚于中，形于外，故君子必慎其独也。

曾子曰："十目所视，十手所指，其严乎！"富润屋，德润身，心广体胖，故君子必诚其意。

所谓修身在正其心者，身有所忿懥，则不得其正；有所恐惧，则不得其正；有所好乐，则不得其正；有所忧患，则不得其正。心不在焉，视而不见，听而不闻，食而不知其味。此谓修身在正其心。

所谓齐其家在修其身者，人之其所亲爱而辟焉，之其所贱恶而辟焉，之其所畏敬而辟焉，之其所哀矜而辟焉，之其所敖惰而辟焉。故好而知其恶，恶而知其美者，天下鲜矣。故谚有之曰："人莫知其子之恶，莫知其苗之硕。"此谓身不修，不可以齐其家。

所谓治国必先齐其家者，其家不可教而能教人者，无之。故君子不出家而成教于国。

孝者，所以事君也；弟者，所以事长也；慈者，所以使众也。《康诰》曰："如保赤子。"心诚求之，虽不中，不远矣。未有学养子而后嫁者也。

一家仁，一国兴仁；一家让，一国兴让；一人贪戾，一国作乱。其机如此。此谓一言偾事，一人定国。尧舜帅天下以仁，而民从之。桀纣帅天下以暴，而民从之。其所令反其所好，而民不从。是故君子有诸己而后求诸人，无诸己而后非诸人。所藏乎身不恕，而能喻诸人者，未之有也。故治国在齐其家。

《诗》云："桃之夭夭，其叶蓁蓁。之子于归，宜其家人。"宜其家人，而后可以教国人。

《诗》云："宜兄宜弟。"宜兄宜弟，而后可以教国人。

《诗》云："其仪不忒，正是四国。"其为父子兄弟足法，而后民法之也。

此谓治国在齐其家。

所谓平天下在治其国者，上老老而民兴孝，上长长而民兴弟，上恤孤而民不倍，是以君子有絜矩之道也。所恶于上，毋以使下；所恶于下，毋以事上；所恶于前，毋以先后；所恶于后，毋以从前；所恶于右，毋以交于左；所恶于左，毋以交于右。此之谓絜矩之道。

《诗》云："乐只君子，民之父母。"民之所好好之，民之所恶恶之，此之谓民之父母。

《诗》云："节彼南山，维石岩岩。赫赫师尹，民具尔瞻。"有国者不可以不慎，辟则为天下僇矣！

《诗》云："殷之未丧师，克配上帝。仪监于殷，峻命不易。"道得众则得国，失众则失国。是故君子先慎乎德。有德此有人，有人此有土，有土此有财，有财此有用。德者本也，财者末也。外本内末，争民施夺。是故财聚则民散，财散则民聚。是故言悖而出者，亦悖而入；货悖而入者，亦悖而出。

《康诰》曰："惟命不于常。"道善则得之，不善则失之矣。

《楚书》曰："楚国无以为宝，惟善以为宝。"

舅犯曰："亡人无以为宝，仁亲以为宝。"

《秦誓》曰："若有一个臣，断断兮无他技，其心休休焉，其如有容焉。人之有技，若己有之；人之彦圣，其心好之；不啻若自其口出，寔能容之，以能保我子孙黎民，尚亦有利哉。人之有技，媢疾以恶之；人之彦圣，而违之俾不通，寔不能容，以不能保我子孙黎民，亦曰殆哉。"唯仁人放流之，迸诸四夷，不与同中国。此谓唯仁人为能爱人，能恶人。

见贤而不能举，举而不能先，命也；见不善而不能退，退而不能远，过也。好人之所恶，恶人之所好，是谓拂人之性，菑（灾）必逮夫身。是故君子有大道，必忠信以得之，骄泰以失之。

生财有大道：生之者众，食之者寡，为之者疾，用之者舒，则财恒足矣。仁者以财发身，不仁者以身发财。未有上好仁而下不好义者也，未有好义其事不终者也，未有府库财非其财者也。

孟献子曰：“畜马乘不察于鸡豚，伐冰之家不畜牛羊，百乘之家不畜聚敛之臣。与其有聚敛之臣，宁有盗臣。”此谓国不以利为利，以义为利也。

长国家而务财用者，必自小人矣，彼为善之。小人之使为国家，菑（灾）害并至。虽有善者，亦无如之何矣。此谓国不以利为利，以义为利也。

目　　录

导　言

《大学》是《礼记》的第四十二篇。南宋朱熹为使儒家思想更为凝练简明地迅速播达于天下万民，在唐代韩愈、李翱和北宋周敦颐、程颢、程颐有关思想基础上，反复斟酌，选取了《论语》、《孟子》、《大学》、《中庸》，合编为"四书"，将儒家主要思想概括无遗。"四书"总共只有五万余字，易于传播，易于普及，易于弘扬。由于朱熹以后的南宋、元、明、清四朝科举考试均以"四书"为准，所以"四书"快速传播。《大学》之影响随之而广泛深远。

一、《大学》概况

关于"大学"的界定，汉代郑玄说："名曰大学者，以其记博学可以为政也。"唐代孔颖达说："此大学之篇论学成之事能治其国，彰明其德于天下，却本明德所由，先从诚意为始。"其实郑玄、孔颖达均认为大学是做大事、治国理民的学问。大学，就是大学问。

程颐说："大学，孔氏之遗书，而初学入德之门也。"朱熹为《大学》作序，首先就说："大学之书，古之大学所以教人之法也。"可见朱熹赞同程颐"初学入德之门"的观点，只是换了一种表述方法而已。教人先学什么，次学什么，再学什么，既是为学次第，又是为学方法，所以程朱所论是一致的。

但《大学》绝不只是教人学习步骤与方法的，所以，还需回观郑玄所论："名曰大学者，以其记博学可以为政也。"这确是贴题之论。而朱熹在注"大学之道"的"大学"时说："大学者，大人之学也。"即大人君子的学问，管理者的学问。

宋钱时《融堂四书管见》论大学说："古者八岁而入小学，教之以洒扫应对进退及礼乐射御书数之文。至十有五，始入大学。此书所述是已。篇首总提独断断，曰在明明德，曰在新民，曰在止于至善。辞专旨确，截然斩然，以明外此无他道也。自学校废，教法不明，而学非其学，异端邪说横流奔放，尽坏人心，无所不至。所幸遗经仅传，尚可存考。而支离传注，又从而蚀之，岂不甚可叹哉！学者首明所先者何在？所格者何物？而不谬其所止焉，则大学之道庶乎其得矣。"

而梁漱溟所介绍的严立三、伍庸伯二先生所论《大学》的观点是，严说："大学所写，格致诚正、修齐治平之道。"伍说："明明德是其第一要点，修身为本是其第二要点。"伍、严两家实质是说"大学"主要是"修身治国"的学问，这与孔子"修己以治人"、"修己以安百姓"思想观点是一致的。

蒋伯潜在《十三经概论》中说："此篇为儒家之政治理论，以德治为主旨。《论语》记孔子之言，一则曰：'为政以德，譬如北辰，居其所而众星共之。'再则曰：'道之以德，齐之以礼，有耻且格。'三则曰：'政者，正也，子率以正，孰敢不正？'四则曰：'苟正其身矣，於从政乎何有？不能正其身，如正人何？'《大学》论政，即从孔子德治之主张，引申而成有系之文章者也。"

综上各家言而论，《大学》是高度概括儒家"修己治人"、"修己以安百姓"思想的理论著作。大学，是大人君子之学；大学教育宗旨是"明明德、亲民、止于至善"；大学教育的步骤即大人君子修身步骤与过程——"格物、致知、诚意、正心、修身、齐家、治国、平天下"。大学教育的内容，一是教人事物的终始本末、"知所先后”、“诚意”、“慎独”、自新、亲民、各尽其职责本分；二是君子要有“絜矩之道”，“己所不欲，勿施于人”，表率风范，举贤远过；三是不以利为利，以义为利，不要聚敛财富，而能散财于民。如此培养大人君子，定能有“修己治人”质量的保障。大人君子有“修己治人”的质量，就能做好表率风范，就能管理好人民，就能使人民重义轻利、趋善去恶。所以说，《大学》一书是高度概括儒家思想精华的一部书，也是论修己治人者需达之高境界与应恪守之治人原则的一部书。

二、《大学》修己治人总论

《大学》开篇：

> 大学之道，在明明德，在亲民，在止于至善。

大学的宗旨，大学问的要义，第一点就是要弘大扩展人们与生俱来的善性，使“明德”更明，善性更善。《孟子·公孙丑上》说：“恻隐之心，仁之端也；羞恶之心，义之端也；辞让之心，礼之端也；是非之心，智之端也。”“凡有四端于我者，知皆扩而充之矣。若火之始然，泉之始达。苟能充之，足以保四海；苟不充之，不足以事父母。”《大学》的“明德”即《孟子》的“仁、义、礼、智”四善端。四善端如同星星之火，泉源细流。如欲使星火形成燎原之势，使涓涓小水形成波澜壮阔的江河，就必须扩而充之；同时要谨慎防止腐浊的玷污，坚决涤除思想上的非分之念。而“扩而充之”与坚决涤除非分之念的功夫，就是“明明德”的第一个“明”字。真正做到“明明德”，不但自身修养到了高尚境界，“仁义礼智”，而且能够以此教化百姓，久而久之，则能够使社会相对均衡、和谐、安定，形成合力，天下升平，人心和畅。如果“明德”不明，使天下人的善性逐渐消失，兽性横溢，人们则不能亲其亲、子其子，上下乖离，相互残杀。小而言之，每个人都不能自保；大而言之，人类社会则会成为狼咬鲸吞的血腥屠场。所以，“明明德”是治理人类社会大学问的第一要义。

大学的宗旨，即大学问的要义，第二点就是“在亲民”。“亲民”是大人君子“明明德”的落脚点。仁义礼智的高尚修养最终要体现在“爱人”、“亲民”上，大人君子要合群、利群、惠群，必然要积极联系民众、亲近民众。中华优秀传统文化一贯认为，民至卑而不可轻，民至贱而不可残。《尚书·五子之歌》：“民惟邦本，本固邦宁。”《尚书·无逸》：“爰知小人之依，能保惠于庶民，不敢侮鳏寡。”由此不难看出，“亲民”就是亲近人民，亲爱人民，关心人民的疾苦。在此基础上，为人民解除苦痛，引领人民去争取和谐安定的生活。这就是修养“明德”者应担当的责任。既然亲爱人民，那就必然要关心人民的长远利益，所以如《论语·宪问》中孔子所说：“爱之，能勿劳乎？忠焉，能勿诲乎？”对民爱而后，才能由衷去化育之，使之能“明明德”。而朱熹认为“在亲民”应为“在新民”，且引程颐观点说：“亲，当作新。”将“在亲民”改为“在新民”后，讲为“新者，革其旧之谓也。言既自明其明德，又当推以及人，使之亦有以去其旧染之污也”。如此讲法被后世广泛认可，尤其革故鼎新之际，人们往往热衷于“新民”、“革其旧”等词语，也曾起过积极作用。但究其实，“亲民”就是“亲民”，而不是“新民”。王阳明有关论说是可取的，《王阳明全集·传习录上》：“如云‘君子贤其贤而亲其亲，小人乐其乐而利其利’，‘如保赤子’，‘民之所好好之，民之所恶恶之，此之谓民之父母’之类，皆是‘亲’字义。‘亲民’犹孟子‘亲亲仁民’之谓，亲之即仁之也。百姓不亲，舜使契为司徒，敬敷五教，所以亲之也。”如上所论，“亲民”的理念，是中华文化的一贯思想，是先圣先贤的理想追求之一。而只有真正“亲民”者，才能使民新。

大学的宗旨，即大学问的要义，第三点就是“在止于至善”。有了高尚之德，才能爱人、亲民，爱之亲之，才能使之更好地修养道德。在社会实践中，大人君子要带领人民不断践行所修之德，最终要达到“至善”的最高目标，而一旦达此目标，就要恪守这一目标而不移。既要达到“至善”，又要一定守住“至善”，而无丝毫闪失。当然，《大学》所论“止于至善”，最先达到者应是先知先觉者，应是管理者、带头人。所以也可以讲，大学是大人君子之学。“至善”是中国文化中修养的最高境界。这境界虽不能轻易达到，但有达到的可能，君子仁人有达到的希望。其与宗教不同的是，“至善”不是彼岸世界，“至善”就在现实生活中，努力去践行，就逐渐接近其标准。以上三点是《大学》所论问题的纲，有关具体内容下文逐渐展开，论述说明，层层深入，环环相扣。

知止而后有定，定而后能静，静而后能安，安而后能虑，虑而后能得。物有本末，事有终始，知所先后，则近道矣。

一般来讲，知道了、明白了奋斗目标，而后方向就明确，确定无疑；努力方向无疑惑，就能逐渐消除违背正确方向的杂念，而后静下心来；心静无杂念才能四体安适，泰然愉悦；只有身心安适无杂念，不慌不恐，无憎恶，无偏爱时，才能不偏不倚，客观地思虑事物，才能诚明辨析是非美丑高低善恶，才能得出正确的认识。而正确的认识化为社会实践，就是践行人之所以为人的道理，那也就是“明明德”了。世间万事万物皆有终始本末，人心所思虑亦有先后，亦有根本和末枝，道德修养何尝不如此？所以《论语·学而》有子说：“孝弟也者，其为仁之本与！”了解了凡事先本后末，孰重孰轻，且能依先后去践行，这就接近了“道”，接近了大学教育的宗旨。下文所论的八条目就是具体明晰地教人依先后去修养，去做人。

古之欲明明德于天下者，先治其国；欲治其国者，先齐其家；欲齐其家者，先修其身；欲修其身者，先正其心；欲正其心者，先诚其意；欲诚其意者，先致其知；致知在格物。物格而后知至，知至而后意诚，意诚而后心正，心正而后身修，身修而后家齐，家齐而后国治，国治而后天下平。自天子以至于庶人，壹是皆以修身为本。其本乱而末治者否矣，其所厚者薄，而其所薄者厚，未之有也！

古代大有担当精神而想使天下人们普修善德的大人君子，都是先从基础做起。基础就是从万事万物中辨析是非善恶、本末终始。而后要知道社会秩序的前后左右，各色人等都居于何位，当为当不为，当然也包括自己是什么角色也要清楚明白。这是真正的知识。懂得了这些，才能意念诚纯，诚纯就是最符合大自然的本真，不偏不斜，无过无不及，不添加任何感情色彩。为什么能如此？就在于“格物”格得好，“致知”结合社会实际与自己的思想实际，反映在意念上就纯正、真诚。一意一念都纯诚，心自然端正。心正才能反映人性善的本真，才能从孝悌做起，关爱天下人。心正身必正，即修身是建立在修心基础之上的。

“心正而后身修”，内心规范，形体必然随之规范；反之，修身修得好，必然心修得好。只有意诚、心正、身修者，才能治好自己的家。《孟子·尽心下》：“身不行道，不行于妻子；使人不以道，不能行于妻子。”显然古圣先贤清晰地认为自身得不到很好的修养，脱离正道，想管理好自己的家是不可能的。“齐家”的“齐”，繁体为“齊”，造字之初为亝，意为麦穗长得整齐茂盛。而“齐家”之“齐”，不是不分男女老少都一个标准的整齐，而是使其各尽其心力，各自在自己位子上充分发挥自己的善性，全家整体看是一派向善向上的兴旺景象，即心齐的景象，这就是家齐。确立了治家的表率风范，就会使一个地区的各个家族心向往之，这就具备了治理好一个地区的基础，在此基础上努力爱人亲民，广纳贤达的理政理念与方法。《论语·为政》：“为政以德，譬如北辰，居其所而众星共之。”“道之以政，齐之以刑，民免而无耻；道之以德，齐之以礼，有耻且格。”《孟子·梁惠王上》：“是故明君治民之产，必使仰足以事父母，俯足以畜妻子，乐岁终身饱，凶年免于死亡。然后驱而之善，故民之从之也轻。”诚能如此，一个地区就会治理得好。治好一个地区者，就会影响其他地区，这就有了治理好天下的基础。上文已论，基础不是全部，仅是基础，尚需提高自己的管理智慧与能力，要有自强不息、坚毅不拔的精神，时时要“止于至善”，不动摇。正如《孟子·滕文公下》说：“富贵不能淫，贫贱不能移，威武不能屈”；《孟子·梁惠王上》说：“老吾老以及人之老，幼吾幼以及人之幼”；《礼记·中庸》说：“舜好问而好察迩言，隐恶而扬善，执其两端，用其中于民。”这样就能治理好天下。由以上不难看出，欲有所作为者，必须一步一个脚印地从基础学起，时时结合自身的认识与实践，切实地提高自身素质。每个环节都要做到真、诚、纯、正地修养自己，时刻不忘“明明德，亲民，止于至善”是自己的奋斗目标。达到这个目标后，还要避免腐化贪婪，永居于“至善”的境界，就能永远爱民如子，“恭、宽、信、敏、惠”。如此，天下自然能够相对的“均、和、安”，官民和畅，熙熙而乐。如果丢失了上下修养身心这一根本，想把国家治理好是不可能的。注重了根本反而枝叶不繁茂，不注重根本反而枝叶繁茂，这是根本不会有的事。所以做人应抓诚意、正心、修身这个根本，为官也应抓这个根本，不抓这个根本，一切皆为浮萍。此论古今皆宜，集中而充分地体现了中华民族为人做官之道的永恒性。

三、《大学》论明德自新以新民

《大学》总论已经把全书的宗旨阐述明白，但以下各章亦绝非添足之辞。乃引经据典加多总论的根系，或进一步深入论述，以巩固总论观点不可疑移，或指明治国理政不可缺失之原则。

《康诰》曰：“克明德。”《太甲》曰：“顾諟天之明命。”《帝典》曰：“克明峻德。”皆自明也。

《尚书》之《周书》、《商书》、《虞书》均论述了相同的内容，每个人都应“明明德”，也都能“明明德”。经常审视大自然给我们的善性良知，使之不散佚，这是“明明德”之基础。即虞舜、太甲、周文王、周武王皆以恪守大自然所赐之善性良知，且弘扬之，为修养大道。虞舜、周文王、周武王历史功绩昭昭耀世，下文尚有所论，此不赘述。《太甲》三篇乃贤相伊尹为颂赞太甲由“不明、暴虐，不遵汤法，乱德”而转变成“悔过自责、转善”的篇章。其中所论以汤为榜样，教诲太甲奋发向上。“先王顾禔天之明命，以承上下神祇。社稷宗庙，罔不祇肃，天监厥德，用集大命，抚绥万方。”伊尹认为汤重视天所赐之大善大德，守得住，发扬得好，表达了对天地、社稷、宗庙的尊敬。天时时在监督考察每个统治者的德行，真正以天所赐大德良知，对待天下，天就会代表人民把大权交给他。他就能统治好天下，就能成就圣明君主的美名。由此，通过可靠史实论证了有作为的明君贤相无不重视“明明德”，且都能延其“明德”于万方百姓，以使天下和平、安定、均衡。无论圣主、贤臣，其“明明德”的高境界，均为自己努力修养所致，“皆自明也”，非外力强加所成。

汤之《盘铭》曰：“苟日新，日日新，又日新。”《康诰》曰：“作新民。”《诗》曰：“周虽旧邦，其命惟新。”是故君子无所不用其极。

大道理清楚了，具体如何“明明德”？商汤作了表率。他在自己每天洗脸的盆子中刻上铭文，表明自己决心天天使“明德”更明，把“明德”沾染的污点、灰尘都要洗去。洗了就能避免不明，即以善行善言修养自己，“明德”就更明；天天修养，“明德”就天天明；不断修养，“明德”就永远明。《老子》的“涤除玄鉴”（依高亨说），佛教禅宗神秀的“身如菩提树，心如明镜台。时时勤拂拭，勿使惹尘埃”，其境界犹如儒道此论。而禅宗六祖慧能所论：“从前念今念及后念，念念自净其心。自修自行，见自己法身，见自心佛，自度自戒”，均属在“明明德”思想观念影响下对佛教的理解。《孟子·告子上》：“苟得其养，无物不长；苟失其养，无物不消。”“明德”不断地得到涵养，犹如春天万物，生机勃勃，不断地弃旧图新以发展壮大，不断地清除外来尘垢而获取新生，都是说修身修心是终生不辍、持续永恒的。只有如此，人们才能保持善性良知的永恒。不断获取新生，就是永远涤除污秽，且使原有善性发扬光大，就是“明明德”。

“《康诰》曰：‘作新民。’”《尚书·康诰》原文：“王曰：‘呜呼！小子封，恫瘝乃身，敬哉！天畏棐（fěi）忱，民情大可见，小人难保。往尽乃心，无康好逸豫，乃其乂民。’闻曰：‘怨不在大，亦不在小，惠不惠，懋不懋。’已。汝惟小子，乃服惟弘王，应保殷民，亦惟助王宅天命，作新民。”首先当明《康诰》一文是何背景下写就的。周初分封诸侯，为使殷祖庙祭祀不辍，把殷后代武庚封于殷旧址，以管叔、蔡叔辅之。而管、蔡与武庚叛周。周公伐之，诛武庚、管叔，放逐蔡叔。而后将其地分而治之，封微子于宋，封周公同母弟康叔（封）于卫。二地皆为殷遗民集中之地。周公恐康叔不慎，治不好殷遗民之地，借周成王之口气，教训康叔。其意为，成王说：唉！康叔啊！百姓生活艰难，如病在己身，谨慎啊，设法解除吧！上天可敬畏就在于辅助真诚。真诚地对待百姓，就会发现百姓生活的艰辛。去尽心竭力地帮百姓解除忧患吧！治人者不要追求个人的康乐淫欲，才能治理好百姓。传闻说：“存在的怨恨不在大，也不在小，就看能否勤勉为公，能否施恩惠于民。”上述做到了后，你康叔封，就应一心一意为宏大王业，而“如保赤子”一样去爱护殷的遗民，这也是辅助成王实施承受的天命大业，把殷纣恶政熏染过的遗民改造成具有周的德性的人民，即把刁民改造教化成善良之民。显然，《康诰》“作新民”本意的实质与《大学》所论也是一致的。改造殷遗民，实际是去掉殷遗民沾染的恶性，恢复善性，这仍然是“明明德”。

“《诗》曰：‘周虽旧邦，其命惟新。’”朱熹《诗集传》解为：“命，天命也。”“周邦虽自后稷始封，千有余年，而其受天命，则自今始也。”《四书章句集注》解为：“周国虽旧，至于文王，能新其德以及于民，而始受天命也。”此处朱熹说不甚妥帖。当为：周乃千年之邦，逐渐兴盛，以至得天下，就在于他不断去除弊政，“明德”常新。以常新之德，即常善、常诚、常正之德去化民、育民、治民，当然就能使国家天下和平安乐。命，天命。《中庸》说：“天命之谓性，率性之谓道，修道之谓教。”性，此指人性，人性本善。人性永不受外界染污而纯诚就是“其命惟新”。人人以极大的努力去维护善性，保持天命的纯诚，就是“无所不用其极”。这一节不是解释“新民”的，仍然是在充实“明明德”的论点。

以上可见，“新”与“親”不是一回事。“在亲民”就是在于亲近、关爱人民，而“新民”，使民“新”，是“亲民”、爱民的主要内容。再者，欲使民“新”，为官者必先自新。先自新者，而后去亲民，则使民亦自新。所以“在亲民”之“亲”，不能理解为“新”。程夫子、朱夫子以至后世追随者将“亲”讲为“新”是不妥当的。

四、《大学》论亲民者天下归心

《诗》云：“邦畿千里，惟民所止。”

此系《诗经·商颂·玄鸟》篇，讲商先祖出于玄鸟，商汤、武丁等有所作为，建立商朝，承继先祖之德，天下归心，于是国都周围聚集了众多百姓，与商之贤王同心同德，愿受使令。其一，是指人往高处走，即往善处走，商贤王爱人亲民，人民自然聚拢在他们的周围。其二，是指人都往最适宜自己生活的地方流徙。朱熹认为，这是“止于至善”的例证。其实应是“亲民”的例证，只有统治者“亲民”，人民才能共同拥戴之。

《诗》云：“缗蛮黄鸟，止于丘隅。”

此《诗经·小雅·缗蛮》篇，以黄鸟择地而栖，喻人民择德而从。欲使民从，则必修德方可，所以实质仍是强调爱人亲民。人、鸟皆离恶境而投光明，即谁光明、谁德善，谁的人民就会多。

《诗》云：“穆穆文王，於缉熙敬止！”

深思远虑的周文王，一贯地光明磊落，敬天保民。这也是在讲“亲民”。朱熹牵强附会，将此讲成“圣人之所止”是不妥帖的。《大学》引此三诗所论的本真是亲民者天下归心。

五、《大学》论君臣父子各有至善

为人君，止于仁；为人臣，止于敬；为人子，止于孝；为人父，止于慈；与国人交，止于信。

“止于至善”，要各尽其名分、各依其地位与能力，达其力所能及的最高善境。人人能力不同、地位不同，但都有自己的最高善境。而《大学》一书重在论大人君子之学养，所以“止于至善”当是大人君子善的最高境界。但无论如何，儒家所倡的境界再高，也是与现实紧密相关的，总不脱离“修己治人”、惠民、利民、与民同乐的实际。

《诗》云：“瞻彼淇澳，菉竹猗猗。有斐君子，如切如磋，如琢如磨。瑟兮僩兮，赫兮喧兮。有斐君子，终不可諠兮。”如切如磋者，道学也；如琢如磨者，自修也；瑟兮僩兮者，恂栗也；赫兮喧兮者，威仪也；有斐君子，终不可諠兮者，道盛德至善，民之不能忘也。

《诗经·卫风·淇澳》开篇“瞻彼淇澳，菉竹猗猗”是比兴，以水湾处沃土长着绿油油的茂竹比喻有德君子。古来一直认为竹可断而节不可脱，往往以其喻恪守节操的君子。有文采、有修养的君子，总是不停地切磋、琢磨，去非求是，积善成德。“泰而不骄，威而不猛。”“望之俨然，即之也温，其言也厉。”这样的君子是人们修养的楷模，岂能忘怀呢！《大学》说：讲不断地切磋，就是讲不断地学习；不断地琢磨，就是经常“三省吾身”，加强自身修养。“泰而不骄，威而不猛”是有修养而谦逊，“望之俨然，即之也温，其言也厉”是有威严而恪守礼的规范。有文采而有修养的圣贤，令人民不能忘怀，讲的是盛德至善之圣贤，人民总是不能忘掉的。为什么不能忘掉？因“有斐君子”不断修养自己，不断地省察自己，使自己“止于至善”，是人民的标杆。

《诗》云：“於戏！前王不忘。”

君子贤其贤而亲其亲，小人乐其乐而利其利，此以没世不忘也。

《诗经·周颂·烈文》讲：“呜呼！人民永远怀念周文王、周武王。”为什么永远怀念？就因为他们终生修德养善性，对待人民“若保赤子”、“明德慎罚”。这就是至善。不忘先圣先王的标志是，后世君子能够循先王所为而尊重贤达，亲近家族，关爱人民；劳动者能够获得其乐，获得其利。所以，后世君子、小人终生都不忘“止于至善”的圣贤。

六、《大学》论治国者要抓根本

子曰：“听讼，吾犹人也，必也使无讼乎！”无情者不得尽其辞。大畏民志，此谓知本。此谓知本，此谓知之至也。

此节引孔子语，主要说明凡事需抓根本，而抓根本首先要知道什么是根本，这就需要“格物、致知”的功夫。治理国家，判断是非曲直、惩恶扬善是一般正常的行政举措。孔子认为，与众不同的做法，是要从根本上使人民受到良好教育，人人自律，不违礼坏法，消弭争斗，这样一定会使社会无争讼，和谐安定。诚能如此，即使有个别刁民也终因无闹事的环境，碍于众人反对，他们也没办法大放厥词。这是真正的知道治国之根本。而这里所讲的知道治国的根本，就是真正的最高的知识，即格物致知。孔子一生所追求的是社会的“均、和、安”，为此，孔子提出了“仁、礼、中庸”的修养目标。而达此修养目标需要很好的教育。教育的根本内容是孝悌。《论语·学而》有子曰：“其为人也孝弟，而好犯上者，鲜矣；不好犯上，而好作乱者，未之有也。君子务本，本立而道生。孝弟也者，其为仁之本与！”无论修己还是治人，都应抓根本，都要抓根本。治国理政的根本是教育，是修德；教育、修德的根本是孝悌。只有具备了孝悌，才能逐渐形成仁德，有仁德者多了，社会才会和谐安定，才会息讼无争。

七、《大学》论修己的最高境界

所谓诚其意者，毋自欺也。如恶恶臭，如好好色，此之谓自谦，故君子必慎其独也。小人闲居为不善，无所不至，见君子而后厌然，揜（掩）其不善，而著其善。人之视己，如见其肺肝然，则何益矣？此谓诚于中，形于外，故君子必慎其独也。

曾子曰：“十目所视，十手所指，其严乎！”富润屋，德润身，心广体胖，故君子必诚其意。

诚意，诚实意念。每个意念都能做到诚实不欺，合乎天道自然，如同厌恶臭味，喜好美色，那么自然的诚实意念，就是自然的满足与快乐，所以君子总是谨慎地对待独处时的意念。小人离群闲散时意念放肆，欲为不善，什么事都干得出来，看到君子而后收敛自己的劣迹，遮掩自己的恶举，粉饰外表，假扮为善。虽系假扮为善，还比破罐破摔要好，毕竟他知道真善美是大家应遵循的正道，还不愿意让人说他是恶人。这样的人尚有可教育、可使之为善的基础。但其要小聪明，如有独处的环境，其意念就易于偏斜，以为别人不知道，就可以偏得些非分之利。殊不知人们了解他深入肺肝，其意念有何歪打算，皆在人们心目中。既然如此，遮掩坏行为、歪主意，有什么好处呢？内心诚不诚，都会自然地体现在每个人的外表，绝对作不了假的。所以君子总是谨慎地对待独处时的意念。再者，不谨慎也不行，君子的心肝肺也会被人们洞察的。曾子说：周边有众人的眼睛盯着呢，有众人的手在指着呢，这是多么严格的监督啊！这就是讲，君子高度自律是对的，但不自律也不行，众人在审视啊！当然，君子修养因为天道人心的需要，非为名利而为，非因监督而行。自身修养如何，自己知道，别人都知道，富有必然影响到所居之所的修饰；道德修养到一定程度，身心自然有所体现；内心宽厚或狭隘，体态上自然有所呈露。伪装也流露，只要不诚，怎么掩盖也躲藏不了，所谓欲盖弥彰。反之，内诚而外必庄，内厚而外必善。所以，既然是君子，其意念就总是诚实而纯正的。

意念诚实，即顺天道自然而为之。中华民族最高修养境界即诚实意念。这个诚实意念，是与天道、大自然为一体的。所谓天人合一，其原来意义盖源于此。人若本着与生俱来的善性为人为官，就是与天同道，或说替天行道。因为天护佑万物而无声无影，决不显现自己的功德。诚，就是真，真就是自然。所以说中华民族最高的修养境界就是自然。自然有的不能灭，自然无的不能加，自然纯的不能浑，这才是意念诚实的本真。

儒家所倡导的意念诚实，是指心与意循自然、任自然，不能将本真扭曲。一旦心驰神往于物利，就要将其放心收回，严格控制自己的欲望在合适的范围内，一旦膨胀，一旦突破规范，就会产生非分之欲、非分之求。所以，欲保持意诚的最高境界，一定要做到“寡欲、节欲”。节欲也不能过度，而要适度，不要伤害自然之情意。清朝戴震《孟子字义疏证》一书说：“性之欲之，不可无节也。节而不过，则依乎天理，非天理为正，人欲为邪也。是以欲不可穷，非不可有，有而节之，使勿过情，无不及情，可谓非天理乎！”戴震此论，可谓最为恰如其分地道出了儒家修养最高境界的真谛。

八、《大学》论意念诚纯以正心修身

意念纯正了，每个动意即心的任何活动都本天道自然之善，其支配着的身体，自然端正为善。而人们的心如有所愤愤不平（“忿懥”），其身体形为就不能端正。愤愤然怒气冲冲，就易于不冷静、不客观，就易于过激；胆怯、害怕本身就是丧失了自信心，就易于不及；有所偏好、偏乐，处理问题就会有失公允；有所忧虑，有所祸患，都侧重一端去思考，处理问题就会有失平衡。这四种情况均能导致心不中正。心不中正，身自然不得其正。心若不在中正之位，再看得仔细，也是看得不准确的；再听得仔细，也是听得不准确的；再咀嚼得仔细，也是品味得不准确的。显然，修身的核心或说根本是修心、正心。佛教也是认为修身的根本在修心，以“正等正觉降伏其心”，心真的皈依于佛，身自然不犯戒律。若心不能“降伏”，只身作和尚打扮，虽终日口念佛经，吃斋礼佛，他也不是真正的佛教徒。禅宗六祖《坛经》说：“我心自有佛，自佛是真佛；自性无佛心，何处求真佛。”毋庸置疑，正心是正身之本，这一观念儒、佛是一致的。

九、《大学》论身行正道以齐其家

齐家，整齐家中人。家中人老少男女，如何能统一步伐、统一行为？实质是“一是皆以修身为本”，家中人各自都修身、正心、诚意，这就是齐家了。当然男女老少各有适合自己的规范与标准，各达其标准，形式上不齐，实质是齐，即齐家之真意。如何才能使家中老少男女各尽其修身、正心之诚？那就如《孟子·尽心下》所说：“身不行道，不行于妻子；使人不以道，不能行于妻子。”欲齐其家，就必须自身行道，自身端正意诚，以正道去引导全家。反之，自身不正，不以正道去引导全家，其家不易齐，即不易各尽其心修养自己。这里着重指出当家人必作全家的表率风范。正如《论语·子路》所论：“其身正，不令而行；其身不正，虽令不从。”“不能正其身，如正人何？”所以《大学》强调欲齐家必修好己身。“人之其所亲爱而辟焉，之其所贱恶而辟焉，之其所畏敬而辟焉，之其所哀矜而辟焉，之其所敖惰而辟焉。”其中讲了五个“辟”，就是五个偏、不正。一般讲，人对所亲爱的人，易于偏爱；对所贱恶的人，易于偏恶；对所敬畏的人，易于偏敬；对所怜悯的人，易于偏怜；对所看不起的人，易于偏怠慢。一般人容易有的偏爱、偏恶、偏敬、偏怜、偏傲，是指过分爱、过分恶、过分敬、过分怜、过分怠慢。那么，一般人所为不易于中正无斜，不易于中正无斜就不能齐其家。“好而知其恶，恶而知其美者，天下鲜矣。”对自己喜好的人或事能冷静地知道其错误或毛病所在，对自己厌恶的人或事能冷静地知道其也有正确或优点的一面，这样的人天下太少了。即一般人对其所喜好的人或事，不知道其错误或毛病所在，对自己厌恶的人或事也不能知道其正确或优点的一面。这样的人，当然不能心正、身正了，自然就无能力齐家了。“故谚有之曰：‘人莫知其子之恶，莫知其苗之硕。’”引此进一步说明一般人容易心偏、身不正，难以做到以自己的表率风范去齐其家。所以，《大学》至此再一次强调修身的必要性。不修好自己的心身，就不可以完成齐其家的使命。

十、《大学》论表率风范乃齐家治国的关键

《大学》开篇至此，集中论题，毫不旁顾，层层论证所提出的三纲八目的理论与必需。而从论“治国”以后两大部分，则展开纵横论述。于此再证明了《大学》是论“修己治人”的最具代表性的著作，修心修身固然重要，但《大学》最终归于如何治好国，治好天下，说明了大学确是大人君子之学。

能齐其家者，才有资格去治国。《大学》确有独到见解：“其家不可教，而能教人者，无之。”所以能教好家的君子，在家中已经形成教化国家人民的风范与能力。何以如此讲？因为在家养成孝道，就能很好地事奉国君了；养成悌道，就能很好地事奉尊长了；养成慈爱，就足以调动人民了。“《康诰》曰：‘如保赤子。’心诚求之，虽不中，不远矣。未有学养子而后嫁者也。”引《尚书·康诰》进一步强调待民慈爱“如保赤子”，诚心诚意去做，即使尚有不足之处，也不会差得远。只要是一步一步修养而成的大人君子待民自

然“如保赤子”，不必特殊强调，犹如女子不用先学养孩子而后出嫁一样。女子只要有了小孩就会慈爱，因为这是天性自然，而一步一步循序修养而成的大人君子，“少成若天性，习惯成自然”。《大学》至此可映出作者真是大德大智者，深刻揭示了天性自然与努力修养的关系，只有二者融为一体，才能达到出神入化的最高境界。

随之而分层展开论证家齐而后才能国治的论点，统治者全家都能修仁行仁，才能带动全国兴起修仁行仁之风，全家都能礼让，才能带动全国兴起礼让之风；统治者家中有一人贪婪暴虐而不得制裁，那将影响到全国以致混乱无序。治国理政的关键大概如此。统治者的一句话就可能把全国搞坏了，统治者严格自律，在家就做到了孝悌慈爱，待民“如保赤子”，带领大人君子们皆如此，国家岂有治理不好之理？此为进一步论证统治者个人修养的重要性。又以历史上典型人物为例作为立论的依据。“尧舜帅天下以仁，而民从之。桀纣帅天下以暴，而民从之。其所令反其所好，而民不从。是故君子有诸己而后求诸人，无诸己而后非诸人。所藏乎身不恕，而能喻人者，未之有也。”统治者正干或反干都会有人随着干。只是自己令别人作西，而自己却好东，人民就不会听其所令。即统治者所作为与所号令要一致，国人就会随之而为。而修养好的统治者，一定能表里如一，号令与自己所好相同。自己修养到了，然后要求别人加强修养，人家就服从；自己没修养到，而要求别人加强修养，别人就会不服从。自身不能宽以待人，而能使别人“己所不欲，勿施于人”从来不会有。其实就是论证大人君子在家是表率才能治好家，其家治好了才能成为国的表率。表率地治国力量是强大而持久的，《大学》到此又扣到“治国在齐其家”上。

最后又列举三篇《诗经》的诗，加强论证“治国在齐其家”的观点。《大学》要使人充分认识到，无论从哪个角度看，无论从历史事实、历史文献看，治国的根本都是在齐其家。《诗经·周南·桃夭》：“之子于归，宜其家人。”“宜其家人，而后可以教国人。”

这里重要的一点是强调了女子对家的重要作用。迎娶了贤淑的好媳妇，有益于整个家庭的修养进步与发展，整个家庭成员都修养好了，而后才能有说服力地教化国人。《诗经·小雅·蓼萧》："宜兄宜弟。""宜兄宜弟，而后可以教国人。"兄弟之间和睦礼让，而后可以做国人的楷模，对国人自然具有教化影响之作用。《诗经·曹风·鸣鸠》："其仪不忒，正是四国。""诚于中，而形于外。"内在修养到了一定境界，其外表礼仪自然不违规范，没有差错。不但其家人足以为法，而且面向社会就是人民的楷模，以己之正，端正四面八方的人民。《大学》的作者博学深思又轻松冷静，极为熟练地运用《诗经》、《尚书》、《左传》、《论语》等典籍的语句与思想，严谨地论证了自己观点的正确与可行。

十一、《大学》论治国平天下的重要原则

"平天下在治其国"部分所论方式与前几部分大有不同。因为《大学》行文至"治国在齐其家"处，读者已经极为清晰而深刻地认识到了"格物、致知"是"诚意"的根本，诚意是"正心"的根本，"正心"是"修身"的根本，"修身"是"齐家"的根本，"齐家"是"治国"的根本，"治国"当然是"平天下"的根本了。所以行文到"平天下在治其国"时，就未再反复论证，而是先从上行下效开始，转入对"平天下"者几方面重要原则的要求。

（一）"絜矩之道"

"絜矩之道"就是"忠恕"之道，"己所不欲，勿施于人"之道，理解、关爱他人之道，即为大人君子者"亲民"之道，亲民、爱民，导民从善，如《孟子·离娄上》所言："人人亲其亲、长其长，而天下平。"即天下平之本在大人君子之表率风范，自己诚意、正心，而后去理解人民，关爱人民。《大学》所列，要人从多方位、多角度去自我玩味、体会自己的感受，而后推及他人，自己当如何做人则鲜明无疑了。

所恶于上，毋以使下；所恶于下，毋以事上；所恶于前，毋以先后；所恶于后，毋以从前；所恶于右，毋以交于左；所恶于左，毋以交于右。

对上对下，对前对后，对左对右，均以自己诚意恕道对待之。自己什么感觉，假如别人亦处于同样地位，那么他会有同样的感觉。我不希望的，绝不要勉强别人去做；别人强迫我，我反对，绝不以我反对的事去强迫别人做。近代西方才提出的换位思考，即两千多年前《大学》提出的“絜矩之道”。在社会管理方面，中华民族那么古远就提出如此高明的见解，人类世界史上实属罕见。

（二）“民之父母”

《大学》一书回答了何谓“民之父母”。《诗经·小雅·南山有台》：“乐只君子，民之父母。”乐民所乐的君子，就是修德不已，爱人、亲民的君子，就是仁义礼智信的君子。只有修养成仁德、正义、智慧的君子，才能做到“民之所好好之，民之所恶恶之”。而只有好民所好、乐民所乐、利民所利、恶民所恶的官长，才配称人民的父母官。

《孟子·离娄上》：“桀纣之失天下也，失其民也；失其民者，失其心也。得天下有道，得其民，斯得天下矣。得其民有道，得其心，斯得民矣。得其心有道，所欲与之聚之，所恶勿施尔也。”《孟子》所论与《大学》此论实质是一样的。为民父母官，就要“所欲与之聚之，所恶勿施尔也”。想方设法满足人民基本的生活欲望；随着社会的发展进步，人民的欲望会不断提高，而亲人爱民的父母官就会千方百计不断满足人民的合理欲望，而教诲人民抛掉不合理的欲望，决不做残民以逞的坏事。这样的管理者，人民就会视之如父母。

《诗经·小雅·节南山》：“节彼南山，维石岩岩。赫赫师尹，民具尔瞻。”以高大巍峨之南山，巨石伟岸，喻有贡献于人民的周太师尹，人民都仰视他，人民都看他的指示行事，所以“有国者不可以不慎，辟则为天下僇矣”。执政者所作所为事关重大，必须诚意，正心，谨慎从事。如果有所偏邪，将会带来一系列恶果，甚至如同桀纣之下场。为更有力地论证“得众则得国”，要做好人民的父母官，引《诗经·大雅·文王》：“殷之未丧师，克配上帝。仪监于殷，峻命不易。”殷代得民心时，万众拥戴，上天之命就支持它。其弦外音，殷失去民心后，万众愿其早亡，上天之命就失去了。所以周代当以殷灭亡的史实为镜子，经常检查自己有无殷亡时的错误做法，有则改之，无则加勉。取之不易，守之维艰。当诚惶诚恐、谦逊谨慎地治民理政，待民永远“如保赤子”，自然众望所归。“得众则得国，失众则失国。”为民父母者，必得国，必不失国。

（三）散财聚民

《大学》充分体现了古圣先贤治国理民的厚德与睿智。

是故君子先慎乎德。有德此有人，有人此有土，有土此有财，有财此有用。德者本也，财者末也。外本内末，争民施夺。是故财聚则民散，财散则民聚。是故言悖而出者，亦悖而入；货悖而入者，亦悖而出。

《康诰》曰：“惟命不于常。”道善则得之，不善则失之矣。

《楚书》曰：“楚国无以为宝，惟善以为宝。”

舅犯曰：“亡人无以为宝，仁亲以为宝。”

君子大人一定要谨慎修德的根本则在于得人心，得人心就得到了人民的实力之助，财富则随之而来。德是根本，财富是末枝。如果忽略了根本而追逐货利，那将使人民互相争利，其结果是互相掠夺残杀。这就是《孟子·梁惠王上》开篇所论：“上下交征利而国危矣。”所以要抓根本，重德性，爱人亲民，经常顾及人民的利益，自己绝不聚敛财富，那人民就会聚拢在大人君子周围。如《论语·为政》孔子说：“为政以德，譬如北辰，居其所而众星共之。”所以，“民散”的根本原因是大人君子带头争利不休，甚至剥夺人民的利益；“民聚”的根本原因是大人君子施德于民，散利于民。悖德谬论会招致非正常的批驳，非正道获得之货，也会被以非正道手段夺去。这都是批判非德谋利。引《康诰》：“惟命不于常。”还是从不同角度论行善德之道才能保持天命在我，不然虽有天命，亦将失掉。《楚书》说“惟善以为宝”，舅犯说“仁亲以为宝”，都是讲大人君子行德施善就是持有聚民的法宝，有了这个法宝，就有了国家、天下，就有了一切利益。

（四）容人用贤

《大学》认为大人君子一定要有“絜矩之道”；要有“民之父母”的情怀；要施德惠于民，让利于民，聚拢民心，赢得民助；还要包容大度用贤使能。

> 《秦誓》曰：“若有一个臣，断断兮无他技，其心休休焉，其如有容焉。人之有技，若己有之；人之彦圣，其心好之；不啻若自其口出，寔能容之，以能保我子孙黎民，尚亦有利哉。人之有技，媢疾以恶之；人之彦圣，而违之俾不通，寔不能容，以不能保我子孙黎民，亦曰殆哉。”

《秦誓》是秦穆公写的。秦穆公派秦军偷袭郑国而遭到晋襄公的伏击。据《公羊传·僖公三十三年》载，秦遭伏击，“匹马只轮无返者”。据《左传·僖公三十三年》载，秦大将百里孟明视、西乞术、白乙丙被俘。秦穆公嫁给晋文公的女儿文嬴，为秦请求释放三将，称其挑拨晋秦关系，令其归秦就戮。晋襄公允诺。三将回秦后，秦穆公不但不杀他们，反而自责，激励三将再战雪耻。于是写下《秦誓》。秦穆公从刻骨铭心的教训中总结了用什么样的人才能治国兴邦，用什么样的人就会毁国丧邦，言之凿凿。《大学》引此，用意鲜明，倡导大人君子要敦厚笃诚，善心博大，包容海涵。“人之有技，若己有之；人之彦圣，其心好之。”这样的大人君子才能有实力维护国家的利益，使国君的权利得以延续。不然，如果大人君子见别人有能力、有影响就嫉妒，为别人进步制造障碍，使别人不能为国尽力，这样的大人物就是祸国殃民之徒，国君绝不能用此类人物。《大学》于此明确地告诉统治者用什么样的人，不要用什么样的人。一定要像仁人君子那样明辨是非，驱逐那些祸国殃民之徒，重用那些利国安民之士。

见贤而不能举，举而不能先，命也；见不善而不能退，退而不能远，过也。好人之所恶，恶人之所好，是谓拂人之性，菑（灾）必逮夫身。是故君子有大道，必忠信以得之，骄泰以失之。

大人君子不但能容人，而且要善于用人。当然，能包容别人，就是善于用人的基础和前提。遇上贤达人士，一定乐于举荐，并且愿意放在自己前边。如《史记·管晏列传》所载，鲍叔牙力荐被囚禁的贤人管仲，且乐于放在自己前面，成为荐贤之千古美谈。遇到邪恶谄佞之徒，能够远远离开，好恶与众相同，不违民意，这才能顺应天理人心，万众欢迎，不然就会错误重重，灾祸不离其身。所以君子大人要遵循以德治国的大道，而必须以忠信去维护大道，避免骄傲离群而违离大道。

（五）生财节俭

《大学》虽只有 1 751 字，但对修己治人的方方面面囊括无遗，即使生财之道也简明深刻地论得头头是道。“生财有大道：生之者众，食之者寡，为之者疾，用之者舒，则财恒足矣。”所论文字不多，但内容丰富。生财大道，就在于努力生产，尽量多地生产粮食与其他物品，而消耗时要节俭。不能生产得多了，消耗时就放肆浪费。人类需要的一切物资，都应努力地加速生产，但消耗时都要节制欲望。这样财富就会永远丰足。这里告诉后人生产与消费的关系、满足人民日益提高的生活愿望与节制欲望的关系。社会再进步，生产能力再提高，如果人民不节制欲望，欲望不断膨胀，这个矛盾也是无法解决的。所以中华民族的先贤先圣在两千多年前就看清了这个矛盾是不好解决的，只有一边发展生产，一边节制欲望，才能有效控制、解决这个矛盾。这个矛盾得到解决，社会才能真正地和谐、安定、均衡。这个道理屡试不爽，可知我们的先贤先圣具有何等高超的智慧。

（六）以义为利

《大学》最后论证君子大人不以货利为利，而以仁义为利。这就是治国理民的关键所在。大人君子应以财富去拯救水深火热中的人民，以提高自身的道德水平，赢得民众的拥戴；而不仁之人以减损自身的道德修养，去谋夺货利。这就是君子、小人二者之别。君子大人率先行仁，徒众就会蜂拥好义；大家都乐仁遵义，什么事情都会办得好，自己应有的利益，也不会被人夺去。义利二者，义要放在首位，利要在义的制约之下，违背道义之利不能取，而应取分内的、合乎道义的利。

> 孟献子曰："畜马乘不察于鸡豚，伐冰之家不畜牛羊，百乘之家不畜聚敛之臣。与其有聚敛之臣，宁有盗臣。"此谓国不以利为利，以义为利也。

这主要是论证为官者绝不要与民争利。《汉书·董仲舒传》："身宠而载高位，家温而食厚禄，因乘富贵之资力，以与民争利于下，民安能如之哉！""富者奢侈羡溢，贫者穷急愁苦；穷急愁苦而上不救，则民不乐生，民不乐生，尚不避死，安能避罪！此刑罚所以蕃而奸邪不可胜者也。故受禄之家，食禄而已，不与民争业，然后利可均布，而民可家足。此上天之理，而亦太古之道，天子所宜法以为制，大夫之所当循以为行也。"为官者如与民争利，实质是剥夺民利，是导致官逼民反的主要原因。所以为官者绝不要与民争利。如有一门心思求利忘义的为官者，那他就是小人。小人一旦得势，见利忘义，影响全社会，民风颓废，人心乖张，即使有善德之士力挽狂澜，也不会骤见成效。所以，必须防治在先，平素教化一定要重义轻利。

可见，《大学》作者参透了儒家有关诸部经书，而后以最精练的文字，高度概括了儒家思想的精华、修己治人之道。《大学》前部分阐明了修己的目标与步骤以及修己的重要性与必要性，后部分阐明了治人的道理以及具体如何治人。《大学》开篇“大学之道，在明明德，在亲民，在止于至善”，最后结论归于“国不以利为利，以义为利也”。统览全篇所论，实为修己治人之至善要道。

刘兆伟

2015年8月30日

（刘兆伟先生系沈阳师范大学二级教授，国务院政府特殊津贴获得者，曾荣获辽宁省优秀教师、全国优秀教师等荣誉称号）

第一章

大学之道，在明明德，在亲民，在止于至善。知止而后有定，定而后能静，静而后能安，安而后能虑，虑而后能得。物有本末，事有终始，知所先后，则近道矣。

古之欲明明德于天下者，先治其国；欲治其国者，先齐其家；欲齐其家者，先修其身；欲修其身者，先正其心；欲正其心者，先诚其意；欲诚其意者，先致其知；致知在格物。物格而后知至，知至而后意诚，意诚而后心正，心正而后身修，身修而后家齐，家齐而后国治，国治而后天下平。自天子以至于庶人，壹是皆以修身为本。其本乱而末治者否矣，其所厚者薄，而其所薄者厚，未之有也。

译文

大学的教育目的，在于昭明、弘扬人们与生俱来的善性，在于亲近人民，在于明白向善的最高境界而修养不移。明白了奋斗目标，而后就明确了努力的方向；明确了努力方向而后就能平心静气地加强修养；平心静气地加强修养，而后就能泰然安详；泰然安详，而后就能思虑清明；思虑清明，而后就能得到修养的成果。万物都有根本与末梢，凡事都有结局和开始，知道事物的先后、本末、轻重、缓急，就接近于大学的教育目的了。

古时想在天下昭明、弘扬人们与生俱来善性的人，必须先治理好自己的国家；想治理好自己国家的人，必须先整齐好自己的家；

想整齐好自己家的人，必须先修养好自身；想修养好自身的人，必须先端正自己的心；想端正自己心的人，必须先诚实意念；想诚实意念的人，必须懂得万事万物之本在修身；懂得万事万物之本在修身，就在于学习研究治理天下、国家、自身的道理。只有学习研究治理天下、国家、自身的道理，而后才能懂万事万物之本在修身；懂得万事万物之本在修身而后才能意念诚实；意念诚实而后心才能端正；心端正了才能真正修养好自身；修养好自身而后才能整齐家庭；家整齐好而后才能治理好国家；国家治理好了而后才能平治天下。

从天子到普通老百姓，一律都以修身为根本。根本混乱而末梢治理得好是不可能的，对待根本非常重视却得不到好的结果，对待根本非常不重视却得到了好的结果，这种情况，绝对不会有。

诠评

大学，依朱熹注，大人之学，培养大人君子之学，即培养管理者的教育。《四库全书珍本初集》载宋朝钱时撰《融堂四书管见》："古者八岁而入小学，教之以洒扫应对进退及礼乐射御书数之文。至十有五，始入大学。此书所述是已。篇首总提独断断，曰在明明德，曰在新民，曰在止于至善。辞专旨确，截然斩然，以明外此无他道也。""学者首明所先者何在？所格者何物？而不谬其所止焉，则大学之道庶乎其得矣。"道，宗旨、办学目的，亦可谓办教育的目的。"明明德"，第一个"明"，动词，昭明、弘扬。"明德"，人们与生俱来的善性。"亲民"，就是亲爱人民。管理者必需的就是自身具有善性后去亲爱人民，亲爱人民是管理好人民的最佳前提。所以此处之"亲"，不是"新"。朱熹依程颐说将"亲"讲成"新"，影响广泛。孔子说："君子学道则爱人，小人学道则易使也。"（《论语·阳货》）程颐、朱熹认为《大学·第三章》："汤之《盘铭》曰：'苟日新，日日新，又日新。'《康诰》曰：'作新民。'《诗》

曰：‘周虽旧邦，其命惟新。’是故君子无所不用其极。”所讲的五个“新”，与第一章“在新民”是一致的，如果不将“亲”改为“新”就不好理解了云云。其实不然，而是讲统治者必须时时“吐故纳新”，改正错误，才能真正亲民。

程颐说：“大学，孔氏之遗书，而初学入德之门也。”朱熹说：“于今可见古人为学次第者，独赖此篇之存，而《论》、《孟》次之。学者必由是而学焉，则庶乎其不差矣。”《大学》一书是初学者进入道德修养境界的门径。过了这个门，就懂得了做学问的步骤、次序。这个论断是精当而准确的。程颢、程颐两位夫子再传弟子朱熹把四书、五经研究到炉火纯青的程度了，比今天的学者对学术的态度纯正、执着，几十年如一日，达到精熟的程度。所以他们的多数观点与解释都是正确的，今人在先哲纯熟研究的基础上去研究，首先要学懂学透人家的观点看法，千万不能自以为是，横加批驳。对先哲正确的思想，一定要经过今人的研究连同圣人的思想，一并传承下去。但对先哲胆大艺高之举甚至要改动古圣之书的做法，也不能听之任之。所以上文所讲“在亲民”，不能硬是改为“在新民”的意思。尽管程朱先哲将经书理解得极为圆融汇通，但有些并不是古圣原意，亦不可循。而对修身、齐家、治国、平天下的为学步骤的揭明则为千古之理。大学培养的人才最高目标是达到“至善”。有了这个奋斗目标，就能“定”，朱熹认为“定”是“定向”，一个人确立了努力方向，就不会心猿意马，胡思乱想，就能静下心来。一个人如能静心做学问，就不追求生活上的高待遇，所以能随遇而安。安于环境，坚持做学问，当然就能集中精力思考，不断修正自己，这样就能达到自己的奋斗目标。“物有本末，事有终始，知所先后，则近道矣。”一切大道理都在人们周围的大事小事之中。孟子说：“人人亲其亲、长其长，而天下平。”（《孟子·离娄上》）都是在讲身边事、天天遇到的事，如能以礼范身，以仁量心，那就是接近了大学的办学目的了。

从古至今，想有大作为于天下者，必须从严格修身、修心开始，经过长期的实践修养，即齐家、治国的考验，积聚“明明德于天下”的德性与能力，一旦天下需要，就能为天下“明明德”。大学首章所以反复论述这个修养过程，在于强调修养的全过程哪个环节也不能少，企图跨越哪个环节都是不可能的。正论、反论平天下这个过程，使人们加深印象，永远循依这个顺序、这个修心修身的过程去修养自己。

但“格物、致知”的功夫是修养身心的基本，决不可忽视。在此问题上，梁漱溟先生《〈礼记·大学〉篇伍严两家解说》一书论得深刻：“格物，即格其‘物有本末’之‘物’，‘致知’，即致其‘知所先后’之知。天下、国、家、身四者皆物也，而其本在身。达其本末，知所先后，一以修身为本。”即万事万物都有个根本，都有个先后。根本在修身，先做的事也在修身，修身的根本在内心，内心修养的关键在“慎独”。所以，“欲明明德于天下者，必以修身为本，而致其力于慎独”。

首章第三部分概括地论述了从天子至普通人，一个也不例外地都以修身为根本，并且都是如失去了根本，其他事情没有能做好的。忽视了修心修身这个根本，却能使这个根本壮健有力的人，从来就没有过。

综上三部分看，做人首先要确立向善的奋斗目标，而达到目标需要有德有能，德能是必须一步一步持续修养自己而得到的，而修养自己要抓根本，要通过学习修心、修身，谁也不例外。此章即《大学》全书之纲，主旨在于做人必有固定的循序格式规范，无丝毫放松地循序去践行这些规范，以至达到至善的程度。

名家点评

程　颐：亲，当作新。

朱　熹：大学者，大人之学也。明，明之也。明德者，人之所得乎天，而虚灵不昧，以其众理而应万事者也。……此三者，大学之纲领也。……明明德于天下者，使天下之人皆有以明其明德也。心者，身之所主也。诚，实也。意者，心之所发也。实其心之所发，欲其一于善而无自欺也。致，推极也。知，犹识也。推极吾之知识，欲其所知无不尽也。格，至也。物，犹事也。穷至事物之理，欲其极处无不到也。此八者，大学之条目也。

李　贽：三纲领中，止至善为要，故又抽出言之。八条目中修身为要，故又抽出言之。文字极有条理，极有格式。三纲领处，鸳鸯画出；八条目处，金针度人也。世间种种学问无不包括，后来种种病痛无不扫除，真圣人之文也。

张　岱：艾千子曰："对小学而言，谓之大学。""知止"不明，非徒错看《大学》，竟错过一生学问。觉人伦外尚复有道，尽人伦外尚复有学，即不可谓"知止"。文王所称"缉熙敬止"，只仁、孝、敬、慈、信，在在能止，故曰："圣人，人伦之至。"心地功行，细若微尘，如《中庸》"形"、"著"、"明"，《大学》"定"、"静"、"安"，都照顾得到。

格物十事，格得九事通透，一事未通透，不妨；一事只格得九分，一分不通透，不可，须穷尽到十分处。

第二章

《康诰》曰："克明德。"《太甲》曰："顾諟天之明命。"《帝典》曰："克明峻德。"皆自明也。

译文

《尚书·康诰》说："能够彰明弘扬美德。"《尚书·太甲》说："要经常回顾上天所赋予的彰明弘扬美德的使命。"《尚书·帝典》说："能够彰明弘扬崇高的美德。"这都是说，崇高的美德在于每个人自我彰明与弘扬。

诠评

此章引《尚书》文三处，用此作为"在明明德"的文献依据。《康诰》，《尚书·周书》；《太甲》，《尚书·商书》；《帝典》，即《尧典》，《尚书·虞书》。克，能。顾，回头看，常回顾，常考虑。諟（shì），此。峻，大，崇高。德、明命、峻德，均指美德，即人心之善。引古语所以证明为仁由己之意。皆自明，即人生而固有，非外而求之也。人人明白了自修其德，即懂得了存养心性，养心寡欲。修身基于养心、正心，心修而后身修，这就是务本。有了本，才能枝繁叶茂，即做什么事都能通畅无碍。这一切都是靠自明其德。

宋钱时《融堂四书管见》："天之明命，即天之予我昭然而不可诬者，顾諟所以明之也。引用《书》语之下断之曰'皆自明'，极见得工夫由己处。吾之明德，岂他人所能明哉！"古圣先贤真高明，两千多年来持续深刻地揭示了每个人的修养、进德本质上是自己的事，完全要靠自律自修，以至“慎独”。

名家点评

郑　玄：意诚而德著。

朱　熹：“皆自明也。”结所引书，皆言自明己德之意。

李　贽：逆溯而上，见“在明明德”之语，非孔夫子创言也。

张　岱：帝王明德，灯若相续，薪则各燃。自性、自反、自认、自惺，不由授受，故曰：“皆自明也。”

第三章

汤之《盘铭》曰："苟日新，日日新，又日新。"《康诰》曰："作新民。"《诗》曰："周虽旧邦，其命惟新。"是故君子无所不用其极。

译文

商汤的洗脸盆制有铭文，说："要真像每天洗脸一样洗心滤恶做善良的新人，天天洗心滤恶做善良的新人，持续恒常地洗心滤恶做善良的新人。"《尚书·康诰》说："要鼓舞人民做道德一新的人。"《诗经·大雅·文王》说："周虽然是古老的国家，其指导思想却是不断革新的。"所以君子用尽自新新民的方法，不断革新。

诠评

盘，此指洗脸盆。铭，古代在钟鼎等器物上铸辞记事或发表议论，以示后人，此类文辞为铭。苟，诚，真。作，于此为振作意，引申为鼓舞、激励。旧邦，古老的国家。命，此指治国理民的指导思想。

新，脸上洗去尘秽为新，心中去掉恶念为新，与时俱进为新，不断革除弊政为新。统治者做到新，其实也是做到了清、明。这就易于做到亲，就容易做到亲民。宋钱时《融堂四书管见》："盘铭之新，新德也；康诰之新，新民也。文王诗之新，新天命也。君子用心无所不至，故曰：'无所不用其极。'只为天地间事，皆吾分内事，有纤毫不至，便是不诚。"此章集中讲君子自新，恒常去秽纳新，与时俱进，而后才能恒常亲近人民，只有亲近人民，人民才能振作自新。万事万物如能长久不衰者，无不是持续去秽纳新者。所以一个地区、一个国家的统治者欲亲民，则必须先自新、自清，而且要永远地改过自新、自清，这样才有资格去教化人民，使之内心去恶从善；不但规范其身，而且规范其心，人民自然从善如流。正因为自新新民之道非常重要，所以君子无论何处、何事、何时都尽心竭力地清除恶念，坚持善心善举，永做有道德的新人。这也就是“明明德”。

名家点评

朱　熹：盘，沐浴之盘也。铭，名其器以自警之辞也。苟，诚也。汤以人之洗濯其心以去恶，如沐浴其身以去垢。故铭其盘，言诚能一日有以涤其旧染之污而自新，则当因其已新者，而日日新之，又日新之，不可略有间断也。鼓之舞之之谓作，言振起其自新之民也。《诗・大雅・文王》之篇，言周国虽旧，至于文王，能新其德以及于民，而始受天命也。自新新民，皆欲止于至善也。

李　贽：“新民”、“新命”，都从自新始。“是故君子无所不用其极”，只是自新处“无所不用其极”耳。“苟日新，日日新，又日新”正是“无所不用其极”的样子。

张　岱：今人看日新，如数今日、明日、后日，于“苟”字不着精神，下文几成赘语，语气犹云“倘不日新则已，苟日新，必须日日新，又日新”。下二语正完得个“日新”，“苟”字线索才提得起。“作新民”，“作”字甚有连属，从我而作也。鼓者一倦，舞者罢矣。服事无改于旧，眷顾已锡乎新。新命只从文德缉熙中看出，非革命之说也。得之。夏九范曰：“新新不已，便是极处。”

第四章

《诗》云：“邦畿千里，惟民所止。”

《诗》云：“缗蛮黄鸟，止于丘隅。”

子曰：“于止，知其所止，可以人而不如鸟乎？”

《诗》云：“穆穆文王，於缉熙敬止。”

为人君，止于仁；为人臣，止于敬；为人子，止于孝；为人父，止于慈；与国人交，止于信。

《诗》云：“瞻彼淇澳，菉竹猗猗。有斐君子，如切如磋，如琢如磨。瑟兮僩兮，赫兮喧兮。有斐君子，终不可諠兮。”如切如磋者，道学也；如琢如磨者，自修也；瑟兮僩兮者，恂栗也；赫兮喧兮者，威仪也；有斐君子，终不可諠兮者，道盛德至善，民之不能忘也。

《诗》云：“於戏！前王不忘。”

君子贤其贤而亲其亲，小人乐其乐而利其利，此以没世不忘也。

译文

《诗经·商颂·玄鸟》说：“王都郊区很广阔，是人民最好的居处。”

《诗经·小雅·缗蛮》说：“黄鸟叫着挑选止息之地，最后落在了山角茂林处。”

孔子说：“对于居处，知道自己的目标，难道人还不如鸟吗？”

《诗经·大雅·文王》说：“肃穆泰和的周文王啊，持续地光明磊落，一切都谨慎地归于亲民的境界。”

作为一国之君，目标应是爱人亲民；作为臣子，目标应是兢兢其业；作为儿子，目标应是孝亲；作为父亲，目标应是慈爱；与社会上的人交往，目标应是诚信。

《诗经·卫风·淇澳》说：“看那弯弯曲曲的淇水岸边，绿竹繁茂。有文化修养的君子，如同切牛角、象牙而后仔细磋去毛刺使之光滑，如同雕琢美玉而后磨光使之润泽，非常认真细致，精益求精。严谨坚毅啊，有高大的形象，有好的名声。有文化修养的君子，永远不可以忘怀。”如同切牛角象牙而后仔细磋去毛刺使之光滑，讲的是治学；如同雕琢美玉而后磨光使之润泽，讲的是修身；严谨坚毅，讲的是临渊履薄式的不懈谨慎戒惧；高大的形象，好的名声，是讲威严的仪表；有文化修养的君子，永远不可以忘怀，讲的是宏大的道德、最善美的境界，人民永远不能忘怀。

《诗经·周颂·烈文》说：“呜呼！不忘前代圣贤君主至善化民。”

管理者重用贤人而使亲疏远近各得其所，劳动者各得其乐各得其利，这就是不忘前圣先贤的至善好处。

诠评

止，居，目标，落脚点。畿（jī），国都郊区。缗（mín）蛮，《诗经》作绵蛮，鸟叫声。穆穆，肃穆庄严。於（wū），叹词。缉，不断，持续。熙，光明磊落。敬，谨慎。淇，淇水。澳（yù），山、水弯曲的地方，此指淇水弯曲的岸上。斐，文采、修养。瑟，谨慎。僩（xiàn），坚毅。赫，盛大。喧，此指传扬着好名声。諠，《诗经》作谖，忘。道，此指讲的。恂慄（xúnlì），战战兢兢，小心谨慎。於戏（wūhū）前王不忘，不忘先圣先贤的至善境界。

宋钱时《融堂四书管见》：“此节推明止字尤详。《易》曰：‘艮，止也。’止其所也。何谓所？至善之谓也。不得其所而妄止焉，其弊可胜言哉！首章但云‘知止’，于此又发知其所止之义。词旨警策，读之令人悚然。所以开悟后学者深矣。”此章归宿在于“亲民”、“止于至善”对后世好的影响是“君子贤其贤而亲其亲，小人乐其乐而利其利”。君子、小人各得其所，各得其所安，各依名分尽其心力而得其所利所乐。这是“明明德于天下者”的亲民爱民的最高善境、最高追求。此结论是通过作者引用五首诗与孔子的话，论证后得出来的。引用第一首《诗经·商颂·玄鸟》是要说明普通人民都会自然而然地选择京郊作为好的居住地，因为明君爱人亲民，所以百姓愿聚拢在他的周围。引用第二首《诗经·小雅·缗蛮》是要说明鸟鸣叫着飞来飞去，选择山角茂林作为好的栖息地。比喻人民择亲民者附近而安居。引用孔子话，集中前二诗所论，指出选择居住地，难道人还不如鸟吗？言外之意，人当然更明白孰善孰恶。引用第三首《诗经·大雅·文王》是说周文王的追求与境界光明磊落，一切归于善，一切归于恭谨慎重地爱民教民。《大学》于此引《诗经》三首诗与孔子所论，旨在说明亲民者天下从之如流水。

作者接此而论，做国君的应像周文王一样爱人亲民，做臣子、做儿子、做父亲者都应达到分内的最高境界，即敬、孝、慈。人与人之间相交往，必须做到诚信。这就是各级各类人等所应止的境界。引第四首《诗经·卫风·淇澳》是要说明有文化修养的君子，像淇澳绿竹繁蔚节劲，切磋象牙犀角一样仔细认真，雕琢美玉一样精益求精。严谨坚毅，有高大形象，有美好的名声。有文化修养的君子，总不可忘记啊！作者接着阐发了这首诗的内涵，“如切如磋”，就是讲如何治学、做学问；“如琢如磨”，就是讲如何自我修养。“瑟兮僩兮”，就是严谨坚毅；“赫兮喧兮”，就是有高大的仪表与美好的名声。“终不可谊兮”，就是讲盛德达到至善的程度，人民总不会忘记的。这就是“止于至善”。

引第五首《诗经·周颂·烈文》是进一步强调先圣先贤的至善

化民的丰功伟业绝不能忘。随之得出结论，不忘的好处在于管理者重用贤人会管理，使亲疏远近、大人小人各得其所，各行其事，各得其应得的待遇，社会自然和谐熙熙而乐。这就是各级各类人士均尽自己“止于至善”的努力，达到自己的最高善境的良好社会效果。

此章就文笔讲，也是很了不起的，借助《诗经》的赋、比、兴写作笔法，对所要论述的问题与所要得出的结论，极具针对性地选用了五首诗的要点：“邦畿千里，惟民所止”是赋，以此说明民众总是择善地而居，亲民者周围，人民就会多。“缗蛮黄鸟，止于丘隅”是比，比喻，说鸟尚且选善处为栖息地，何况人乎？“穆穆文王，於缉熙敬止”是赋，是说明周文王一贯敬慎关爱地对待人民，“明德慎罚”，“若保赤子”，所以人民就愿意拥戴他。上文引三诗旨在论证亲民者，天下归心；下文引二诗旨在论证各级各类人都应有各自的最高善境，都应有自己的“止于至善”处。“瞻彼淇澳，菉竹猗猗……”是兴，是比兴，引出道德君子的盛德威貌以至至善的境界，令后世永不忘怀。此章末尾引“於戏！前王不忘”是赋，用以引出此章的结论，即不忘前代圣王的功德善境有诸多好处，所以不能忘。仔细斟酌玩味，此章写得非常之妙。

其实，此章本质的内涵是孔子思想的理论体现，即亲民之君，民乐得其治，由衷拥戴。治国化民“必也正名乎!”君子、小人各得其所，“君子怀德，小人怀土；君子怀刑（型），小人怀惠”。即君子追求的是道德关怀，小人追求的耕地奉上；君子奋斗目标是楷模影响，小人的奋斗目标是感恩效劳。诚能如此，即君子、小人都各得其所止，都“止于至善”了。而这种形势是后世君子、小人都不忘先圣先贤至善盛德而形成的。这样美好的社会形势是孔子、孟子等先哲大儒为之奋斗一生而未果的，但作为中华民族奋斗的目标，一直鼓舞激励中华民族不断进取，自强不息地奋斗前行。

名家点评

郑　玄：于止，于鸟之所止也。就而观之，知其所止；知鸟择岑蔚安闲而止处之耳。言人亦当择礼义乐土而自止处也。《论语》曰：“里仁为美，择不处仁，焉得知？”

朱　熹：穆穆，深远之意。於，叹美辞。缉，继续也。熙，光明也。敬止，言其无不敬而安所止也。引此而言圣人之止，无非至善，五者乃其目之大者也。学者于此，究其精微之蕴，而又推类以尽其余，则于天下之事，皆有以知其所止而无疑矣。

李　贽：《大学》正当以“止至善”一传为末篇。当时作者原有深意，人自不察耳。

张　岱：《诗》用“止”字，犹《楚辞》用“些”字，语助耳。传引之以释“止至善”，遂重言“止”矣。非谓敬以止于至善，政于敬止，想见其至善耳。

第五章

子曰："听讼，吾犹人也，必也使无讼乎！"无情者不得尽其辞。大畏民志，此谓知本。此谓知本，此谓知之至也。

译文

孔子说："听诉讼，我如同别人一样。重要的是使社会不产生争讼。"缺乏人性者也不能讲尽假话，因为他们畏惧违背民众的意愿。由此可知治国化民是根本。知道治国化民是根本，这就是最重要的知识与学问。

诠评

听讼，断案。犹人，不异于人，同别人一样。无情，无情无义，无人性，缺乏人性。古人对"大畏民志"多讲为"大使民畏"，其意为使民怕明断是非，就害怕讼狱。那么，此"民"只能是刁民、邪民。其实当如此讲：大畏，是无情无义者害怕众民善风善俗；民志，民的意愿志趣，民的修养、修身，以至逐渐形成良好的风俗。有了修身、正心、诚意，不但自己不讼，也影响他人自律不讼。"无情者不得尽其辞"，就是畏惧众人皆修身、正心、诚意的环境氛围，不敢肆无忌惮地制造假、冤、错案。孔子点中了治国必先化民的根本，使民以修身为本。

引孔子语宗旨在于说明欲使社会万众不争讼、和谐，则必须使万众修身、正心、诚意，"自天子以至于庶人，壹是皆以修身为本"。如人人修身有成，"己所不欲，勿施于人"，岂需狱讼以断曲直？《大学》作者在孔子高论基础上，认为即使缺乏人性者想妄造事端，也慑于周围道德善美环境的压力，而不敢尽诉其秽言滥语。作者这两句话是进一步阐发孔子语的深层含义的，人人修身，普遍素质提高了，个别人想制造事端也兴不起风浪。“此谓知本”，是对孔子语与作者进一步阐发含义的总的概括与结论。此“本”，正是修身。修身当然要正心、诚意、致知、格物了，此章引孔子语以断狱为例，说明当如此“格物、致知”。朱熹将“此谓知本，此谓知之至也”单列一章，又补己意，不妥。本著删去朱熹补说，将两句并入此章，其意更顺畅，“知道治国化民是根本，这就是最重要的知识与学问”。

名家点评

郑　玄：情，犹实也。无实者多虚诞之辞，圣人之听讼与人同耳，必使民无实者不敢尽其辞，大畏其心志，使诚其意不敢讼……本谓诚其意也。

孔颖达：“必也使无讼乎”者，必也使无理之人不敢争讼也。“无情者不得尽其辞”者，情犹实也。言无实情虚诞之人，无道理者，不得尽竭其虚伪之辞也。“大畏民志”者，大能畏胁民人之志，言人有虚诞之志者，皆畏惧不敢讼，言民亦诚实其意也。

朱　熹：引夫子之言，而言圣人能使无实之人不敢尽其虚诞之辞。盖我之明德既明，自然有以畏服民之心志，故讼不待听而自无也。观于此言，可以知本末之先后矣。

张　岱：张侗初曰：“‘大畏民志’，格物也。‘此谓知本’，物有本末之本也。物格而后知至矣，故曰‘此谓知本，此谓知之至也’，此正是释格物致知，直捷痛快，不须蛇足。”朱子以此传“释本末”，尚少一释“终始”传。虞芮之君，谓吾所争，周人所耻，岂不“大畏”？

第六章

所谓诚其意者，毋自欺也。如恶恶臭，如好好色，此之谓自谦，故君子必慎其独也。小人闲居为不善，无所不至，见君子而后厌然，揜（掩）其不善，而著其善。人之视己，如见其肺肝然，则何益矣？此谓诚于中，形于外，故君子必慎其独也。

曾子曰：“十目所视，十手所指，其严乎！”富润屋，德润身，心广体胖，故君子必诚其意。

译文

所讲的诚意，就是不自欺欺人。真实得如同厌恶臭味一样厌恶违德之事，如同喜欢美色一样坚持行仁布义之事，这就是自心无愧而快乐，所以君子重要的是独处时也能做到以仁礼规范身心。小人有了闲暇，就容易做坏事，什么事都可能做出来，君子出现在面前，而后假言厌恶不善，以掩盖他的真不善，而标榜自己是善良的。其实人们看我，洞察得如同看见肝、肺一样，遮掩过失有什么益处呢？这就是内心诚与不诚，必然反映在每个人的外表上，所以君子重要的是谨慎独处之时仍然要以仁礼规范身心。

曾子说：“犹如十只眼睛盯着我，十只手指着我，这是很严格的监督啊！”财富能润泽房屋，道德能润泽身心，心地宽广，身体安泰，所以君子重要的是诚实意念。

诠评

谦，先贤认为即慊（qiè），满足，自快。《易经·谦卦·象》：

“地中有山，谦，君子以裒多益寡，称物平施。”以谦卦之谦意，理解此章“自谦”，亦未尝不可。谦的本意是取多补寡，合理分配，并非过分逊卑。那么“自谦”，即无过无不及地反映自己的好恶。这就是真正的诚。厌，即厌恶、厌弃，亦可讲为羞愧、羞耻。

此章就儒家修养心性而论是最具代表性、境界最高的理论论证。儒家思想与宗教深层次不同的根本即在于此。佛教的“空”、“灭欲”是最高境界，道家、道教的“坐忘”、“丧其耦”是最高境界，而儒家思想则完全凭依对人类善性的启发、升华，引导人们自学自律，心与意循人性本善之自然，不扭曲人性本真。讲论的都是人类、社会之事，多涉及人们所体验过的事，理论与实践是一体的。正因为此，两千多年后的今天，读了这些文字，仍觉得亲切，讲的就是自己身边事或心里事。宋钱时《融堂四书管见》：“诚者，物之终始，不诚无物。此是知后力行第一个字，然心之隐微，诚不诚谁得而知？直是无自欺，方是实履。以恶臭好色为喻，言其好恶出于心中之诚，然故曰自慊。此二事人情所同求，用力于学如此者，千万人而不一遇也。是故君子必谨其独。独非暗室屋漏之谓，虽大庭广众，而一念之动，我自知耳。于此致谨正是做不自欺工夫。学者说圣说贤，而心之所存，曾穿窬狗彘之不若，意在欺人，实乃自欺。虽然，人亦终不可得而欺也。”此章重在诚、不自欺、慎独，而慎独的养成则需以曾子所论“十目所视，十手所指”作督促，坚持不断规范自己，久而久之，则能“慎其独也”，“毋自欺”。此章从文笔上看，写得也很有特色。“小人闲居为不善……而著其善”写尽了小人自作聪明，暗做坏事，明里装作君子，掩盖本质上的不善，而标明自己为善的复杂心理与面貌。同时，写出了小人的另一面，有时也闪出一点善的光亮，“见君子然后厌然”。“厌然”，就是不好意思，感到有点羞耻，对不起人，等等。这些都是善性未完全泯灭的表现，如能及时予以教导、启发，此类人还有走上善路的可能，所以此章这“厌然”一词非同一般。作者真是洞察天地间人情事理，简直把鬼鬼祟祟、躲躲闪闪而尚有些许人性火花的小人形象、动作揭示得淋漓尽致。小人如此作为根本达不到他们非分的欲望目的，何必如此呢？人们看我，不只了解表面，连肝、肺都看得清清楚楚，怎么撒得了谎呢？概括地论“诚于中，形于外”，一个人内心、内在修养是个什么情况，必然通过他的社会活动、人与人之间交往体现出来，装不得假的，必须真诚待己，真诚待人。就人的素质境界而论，儒家思想真是到了炉火纯青的程度了。尤其《大学》一书，特别此章纯诚自然的思想境界，认真读后，简直是令人即刻心悦诚服，自叹不如，决意煎肠洗心，以不愧先圣先贤。

名家点评

郑　玄：谦，读为慊，慊之言厌也。厌读为黡，黡闭藏之貌也。严乎，言可畏敬也。胖，犹大也。

朱　熹：诚其意者，自修之首也。毋者，禁止之辞。自欺云者，知为善以去恶，而心之所发有未实也。谦，快也，足也。独者，人所不知而己所独知之地也。言欲自修者知为善以去其恶，则当实用其力，而禁止其自欺，使其恶恶则如恶恶臭，好善则如好好色，皆务决去而求必得之，以自快足于己，不可徒苟且以徇外而为人也。然其实与不实，盖有他人所不及知而己独知之者，故必谨之于此，以审其几焉。

闲居，独处也。厌然，消沮闭藏之貌。此言小人阴为不善，而阳欲揜之，则是非不知善之当为与恶之当去也。但不能实用其力以至此耳。然欲揜其恶而卒不可揜，欲诈为善而卒不可诈，则亦何益之有哉？

李　贽：“十目”二语，正是慎独工夫，正是诚中光景。下面“德润身”、“心广体胖”便是形外处。

此篇文字极精，《大学》枢要全在于此。先儒以为人鬼关，王阳明亦说《大学》之道诚意而已矣，都是有见之言。但其中线索尚未经人摘破，今为一一言之。

劈头“所谓诚其意者，毋自欺也”二语，大旨了了。“如恶恶臭”三语，不过足此二语耳。下面便教人慎独。又把“小人闲居”一段描写自欺光景。“此谓诚于中”以下，转说到“诚意”上来。“十目所视”三语，正是慎独工夫，诚中光景，吃紧处全在于此，非泛泛引证语已也。下面“富润屋”三语，不过指点形外景象一番。故末句又急急收到“诚意”上去，不是“诚意”最为《大学》一书枢要乎！我皇帝亦曾对儒臣言之。真圣人也！真圣人也！

张　岱：章中“慎独”，即“毋自欺”。“毋自欺”，即是“自慊”。“自慊”即是“诚意”。不可以“慎独”为“诚意”下手工夫。

“此之谓自谦”，《易》象曰：“谦，君子以称物平施。”盖好恶得平，非徒好为逊下而已。

徐子卿曰：“或问‘自慊’，余云：好生于色，恶生于臭。却又道不是色，不是臭，止是自慊。所以意未触时，本实员满在。若说见好色方好之尽，恶恶臭方恶之尽，又是从用处模拟，不着根苗，即于‘意’字了无干涉。”

严立三：慊，快也，足也。自欺对自慊言。欺则不慊，慊则不欺。按此节前贤多以欺为诳，如恶如好之如字似亦看清，独字且直作独知解，故于充塞固守之义略差，与诚意功夫稍嫌微别，而其归亦相悬，学者善体而自得之可矣。厌然，消沮闭藏之貌。小人平居贼仁，见仁者则仁心感发而不自安，必求有以文饰其恶，而不知至感至通之情，人皆有之者，恶见其能相掩耶？有诸内必形诸外，君子之所以深惧乎操存舍亡之几也。

视指之严，喻小人伪善之无益。润胖之效，言君子自慊之足多。此所以念必真切，无恶于志之为要也。

伍庸伯：自己固然离不得此身，而真正代表自己的既不是身，亦不是心，却是意。意者意向；人的一切感应活动皆是意，意发于心而形于身。通常人认身为自己，那不过以其便于指目而已。其实要紧全在意上。而且修是修理；心未发，身不动，何所用其修？须要修理的正是将会在内外发生或好或坏影响的这个意呢。

第七章

所谓修身在正其心者，身有所忿懥，则不得其正；有所恐惧，则不得其正；有所好乐，则不得其正；有所忧患，则不得其正。心不在焉，视而不见，听而不闻，食而不知其味。此谓修身在正其心。

译文

所讲的修身在于端正人心的道理，心有不平与怨怒，就得不到端正；存有惶恐惧怕，就得不到端正；存有偏好偏乐，就得不到端正；存有忧虑祸患，就得不到端正。心驰神往，思想不集中，事物触目而看不见，声音充耳而听不到，吃了食物而不知是什么味道。这就是说，修身在于端正人心。

诠评

懥（zhì），恨、怒貌。《玉篇·心部》：“懥，怒也，恨也。”

诚意之载体是人心，人心之载体在身。修身、正心的核心内容是诚意。意念诚敬了，身心必然端正，行为自然规范，即“诚于中而形于外”。而诚意的功夫在慎独，所以正心、修身的根本在慎独。王阳明说：“正其不正以归于正”，正是讲“正心”与“慎独”的关系。一般人难免有意念不诚之时，一旦认识到“自天子以至于庶人，壹是皆以修身为本”，思想、精力自然聚集到身心上来。从内心过滤一番心路上曾经出现过的错误，荡涤错的思想，保留善的思想，然后将善的思想体现在行动上，形成善事善举。不断做下去，又在做中吸纳他人的善心善举，扩充自己的善心善举，而能在独处时坚持思想端正、意念诚实，每动一念一意都是端正符合礼的，一举一动都是合乎规范的，这就是正心、修身。正心、修身应时时与社会现实相联系，不能脱离现实而闭门修养。如脱离实际的修养，一旦接触社会，不切实际的正心、修身功夫则土崩瓦解。

正心、修身必接触社会实际，时时经受考验。心身遇到不平事便愤愤然，遇到暴力蛮横便害怕慌恐，预见祸乱将至便忧患无策，等等，都会影响正心、修身。这就需回到诚意上来，意念诚、敬、慎，思虑清纯，不偏不斜，遇到什么麻烦事，什么令人气愤的事都能诚、敬、中正地对待之，这才能益于正心、修身。正心与修身是身与影的关系，分毫不差。心有一点邪恶，身就有一点偏差；身有一点闪失，心就有一点不正。其实，诚意、正心、修身三位一体，不能分而独明。

喜怒哀乐人皆有之，发而不中节就是不正，而社会各色人物、各种物欲之诱惑，势必影响为人之正。所以，今人应时时防患于未然，以坚毅持续地修养，经常端正自己的身心。

名家点评

朱　熹：忿懥，怒也。盖是四者，皆心之用，而人所不能无者。然一有之而不能察，则欲动情胜，而其用之所行，或不能不失其正矣。

李　贽：“身”字不必作“心”字。首节见身之有关于心，次节见心之有关于身，末节故急急以“此谓修身在正其心”结之。文字极有条理，何故反晦蚀之？

张　岱：“正”字即《中庸》“中”字。喜怒哀乐，发而中节，如风过树，如月行空，依然还得个无体。朱子曰：四者，须从无处发出，不是寂寂的。无只是无过去、未来、见（现）在之累，就使有而不有。最精。

人心原来至静，亦至动，如镜子随照随灭，故常照。若终日有个影子在镜上，便对面不受照矣。圣人之心惟无在，故无不在；常人之心有所在，故有不在。

“正”字、“诚”字，亦有用力、不用力之别。如物悬空，有碍则歪。正者，去其碍而已，不必更去把持着。

伍庸伯：忿懥、恐惧、好乐、忧患，几样皆是意，而为人们平时所恒有者，不过有轻有重，有多有少，种种不同而已。此其动向皆偏向身外走去，与明德不相应，有失于敬与诚，是自欺的意，非诚意。精神完整地在当下即是敬。诚、敬互相通。诚即言其动作中的敬，敬则谓其静时之诚也。当物格知至而敬的作用发生，觉知自欺，而毋自欺焉，立时正其不正以归于正。

第八章

所谓齐其家在修其身者，人之其所亲爱而辟焉，之其所贱恶而辟焉，之其所畏敬而辟焉，之其所哀矜而辟焉，之其所敖惰而辟焉。故好而知其恶，恶而知其美者，天下鲜矣。故谚有之曰："人莫知其子之恶，莫知其苗之硕。"此谓身不修，不可以齐其家。

译文

所讲的齐家在修身的道理，一般而论，人对他所亲爱的人有所偏爱，对他所憎恶的人有所偏恶，对他所敬畏的人有所偏敬，对他所怜悯的人有所偏怜，对他所轻慢的人有所偏怠。所以，对喜欢的人能清醒知道他的缺点，对不喜欢的人能清醒知道他的优点，这样的人，天下太少了。所以，谚语有这样的说法："人们没有知道自己儿子缺点毛病的，没有知道他地里禾苗长得很好的。"这就是说，自身修养不好，是不可以整齐家族的。

诠评

一个人心有所不正，即有所偏，偏好、偏恶、偏敬、偏怠，处理问题自然不公平，当然有碍自身的修养形象。宋钱时《融堂四书管见》："处身之道，公平无我。是非兼照，则众心肃服，家自然齐。一有偏见，人道乖矣。其祸可胜言哉！偏于所好，则忘其恶；偏于所恶，则忘其美。流俗暗浅，大抵如是。"自身不得修正，更不能为家族之楷模，当然无益整齐家族。如果一个人把自己的孩子看得优中之优，没有任何缺点，孩子与他人发生矛盾，只怪他人不端。显然，这是由于自己修养差，带着种种偏颇、偏见去观察社会、观察他人的结果。这怎么能带动全家向善去恶？自己的禾苗长得怎么好都不满足，利益怎么多都不够，又怎能说教子侄重义轻利？

齐家，每个人都以自己为家庭主人公，责无旁贷；每个人都这么想，都这么做，人人各自以修身为本，而不去责求家中其他任何一人应如何，都各自严求自己尽心竭力，心里自然舒畅无偏，而其家自然得以整齐。当然，齐家，不是绝对等齐划一，而是一家老少男女各据自己的身份地位而都能尽心竭力地修养自身，贡献自己的心智与力量，即都作出自己的努力，作出自己的贡献，都有不同的向善的诚意与表现，这就是不齐之齐。即老像老，少像少，男像男，女像女，各尽其道，各在行其当行之事中尽心竭力，整个家族成员都是各显其长、各尽其能，全局看是和谐的、向上的，又合乎国家的大道统，这就是齐家。

名家点评

郑　玄：之，适也。譬，犹喻也。言适彼而以心度之曰：吾何以亲爱此人？非以其有德美与？吾何以敖惰此人？非以其志行薄与？反以喻己，则身修与否，可自知也。

朱　熹：人，谓众人。之，犹于也。辟，犹偏也。五者，在人本有当然之则；然常人之情，惟其所向而不加察焉，则必陷于一偏，而身不修矣。谚，俗语也。溺爱者不明，贪得者无厌，是则偏之为害，而家之所以不齐也。

李　贽：此传反结，亦有深意，正与经文“壹是皆以修身为本”处相关应。善《大学》之本在“修身”，而“修身”之要在“诚意”，“诚意”又须“格”、“致”，方能“明明德于天下”。若欲“明明德”于一身，说到“诚意”、“致知”已够了，何必又说到“格物”上来？说到“格物”来，正是说“明明德于天下”也。不

“明明德于天下”，亦说不得“物格知至”。此《大学》之真血脉也，读者味之。

张 岱：《大学》言齐家，皆于不齐中求齐。若截然一样，美丑不分，漫说聋哑为家公，非圣人之旨。

“此谓身不修，不可以齐其家。”齐其家与家不齐有别，家不齐，便落身一层；齐其家，便是身里面事。

第九章

所谓治国必先齐其家者，其家不可教而能教人者，无之。故君子不出家而成教于国。

孝者，所以事君也；弟者，所以事长也；慈者，所以使众也。《康诰》曰："如保赤子。"心诚求之，虽不中，不远矣。未有学养子而后嫁者也。

一家仁，一国兴仁；一家让，一国兴让；一人贪戾，一国作乱。其机如此。此谓一言偾事，一人定国。尧舜帅天下以仁，而民从之。桀纣帅天下以暴，而民从之。其所令反其所好，而民不从。是故君子有诸己而后求诸人，无诸己而后非诸人。所藏乎身不恕，而能喻诸人者，未之有也。故治国在齐其家。

《诗》云："桃之夭夭，其叶蓁蓁。之子于归，宜其家人。"宜其家人，而后可以教国人。

《诗》云："宜兄宜弟。"宜兄宜弟，而后可以教国人。

《诗》云："其仪不忒，正是四国。"其为父子兄弟足法，而后民法之也。

此谓治国在齐其家。

译文

所讲的治理好国家一定要先整齐好家族的道理，就在于自己家管教不好，而能把别人管教好的，根本没有。所以君子治国教民的思想方法是在整齐家族中逐渐形成的。

孝敬父母的人，就能由衷地事奉国君；友爱兄弟的人，就能由衷地事奉官长；慈爱子女的人，就能由衷地关爱民众。《尚书·康诰》说："对待老百姓要像保护自己幼小的儿女一样。"由衷真诚地去关爱老百姓，即使做不到至善，也不会太远了。没有先学习如何养孩子而后出嫁的女子。

管理者一家做到仁爱，将带动一国兴起仁爱之风；一家礼让，将带动一国兴起礼让之风；管理者自己贪婪暴戾，将导致一国暴乱。管理者的影响作用就是这样。这就是管理者一句话可以把全国的事搞坏了，一个人可以带动全国形成国泰民安的局面。尧舜率领天下百姓大兴仁爱之风，百姓随从。桀纣率领天下百姓大兴暴虐之风，百姓随从。如果他们号召的与实际所追求的不同，百姓就不会服从。所以管理者必须自己先做到了，再要求别人做到，自己没有做到，而要求别人做到是不可能的。自己内心不具有恕道，而能教育别人明晓善良，这是从来不会有的事。所以治理国家在于先整齐好家族。

《诗经·周南·桃夭》说："桃花艳丽，绿叶繁盛；姑娘出嫁，给婆家带来了和谐。"家族和谐，而后可以教化影响全国的人。

《诗经·小雅·蓼萧》说："兄弟和谐。"兄弟和谐，而后可以教化影响全国的人。

《诗经·曹风·鸣鸠》说："礼仪法度正确，影响四周区域的人都得以端正。"管理者作为父亲、儿子、哥哥、弟弟等各种角色时，都能做表率，都是民众的楷模，而后民众自然以他为标准。

这就是说治理好国家，在于整齐好家族的道理。

诠评

偾（fèn），毁坏，败坏。

"君子不出家而成教于国"，国家管理者的作为就是国人的教科书，在家里的表率风范带动一家人各正名分、各尽其心力，共创和谐家族，就是治国的缩影。管理者齐家的方式方法自然而然地成为国人的教化模式。这主要是论管理者的表率风范作用之大。正如孔子所论：“君子之德风，小人之德草。草上之风，必偃。”治好家、齐好家，榜样的作用更大。怎么才能治好家，在于自己修身，修身的主要内容，是“孝、弟、慈”。只有孝悌才能奉亲敬长，在家行得通，在社会才行得通；只有慈爱子侄、民众，才能有效地调动民众。只有对百姓“如保赤子”那样由衷关爱，才能真正使百姓为国家奋斗而死不旋踵。

“未有学养子而后嫁者也。”养子是母亲的天职，只要做了母亲，就自然由衷爱自己的孩子，自然就会根据具体条件采用最有益的方法关爱自己的孩子。而这些方法不用出嫁前就学习，而做了母亲后自然随之而有照顾小孩的衷情与有效方法。这是在比论一个管理者只要有了由衷的诚意与爱心，别怕没有爱民的经验与方法，方法即使不当，也离正确不会远，关键的是要具有由衷的爱民诚意。《融堂四书管见》：“譬如保赤子，本不能言，心诚求之，自然中其所欲。初非学养子而后嫁也。谓之所以，犹云即是此事以之事君、以之事长、以之使众，岂待学而后能哉?”

“其机如此”，伍庸伯先生认为“机”是感应之机。其实，“机”可以讲成关键，也可以讲成影响。讲成影响更恰当自然一些。当然，本文是从理论上论证表率风范的影响效应之大的，是实际现象的理论概括。客观社会上的影响效验，总是有个渐进的过程，不会骤然生效的。孔子说：“如有王者，必世而后仁。”即王者仁风也要持续影响三十年，才能使世风有所成仁。《尚书·大禹谟》：“人心惟危，道心惟微，惟精惟一，允执厥中。”即社会人心问题很多，正道之风影响甚小，只有专一思想传道不已，公平公正地处理问题，才能有所改观。所以治国者任重道远，从小在家就要严格要求自己，一生中的各种角色都做表率，才能服众，才能使众。

“其所令反其所好，而民不从。”号令百姓，叫百姓做的事，与他自己的真实追求恰相反，百姓就不会听从他的号令。教人民重义轻利，他自己却搜刮民财，人民怎么会真的去重义轻利呢？《礼记·缁衣》载孔子说：“下之事上也，不从其所令，而从其所行。”《孟子·滕文公上》载：“上有好者，下必甚焉。”《荀子·君道》载：“君者，盘也；民者，水也。盘圆而水圆。”“君者，民之原也；原清则流清，原浊则流浊。”《淮南子·主术训》：“故民之化也，不从其所言，而从所行。”都是讲管理者行为导向作用之大。

其实，这都未离开孔子“德、风、草”之论。可见，众多圣贤关于此论都是一致的。而两千多年的社会管理实践都说明了只有修身、齐家才能治理好国家的论断，是颠扑不破的真理。

此章所引三首《诗经》的诗都是强调说明以家为典型确定表率风范的管理方式，然后推向社会，影响广大民众。整齐好家族，完全可以满足众人的效法。《融堂四书管见》：“引用三诗总结上文之意，词旨条达，一唱三叹，读之令人感动。宜者，义所当然，人心自然之则也。宜于家，宜于兄弟，所以可行。若不宜，则闺门之内，龃龉万状，如之何而教国人哉？我之仪表不差，四国所以可正。经文直书其下，曰父子兄弟足法，而后民法之。于本分上有纤毫欠缺，便不足法。”这就是治国在于先整齐好家族的道理与意义。

名家点评

郑　玄：养子者推心为之，而中于赤子之嗜欲也。一家一人谓人君也。戾之言利也。机，发动所由也。偾，犹覆败也。有于己谓有仁让也，无于己谓无贪戾也。

朱　熹：身修，则家可教矣；孝、弟、慈，所以修身而教于家者也。然而国之所以事君、事长、使众之道，不外乎此。此所以家齐于上，而教成于下也。……有善于己，然后可以责人之善；无恶于己，然后可以正人之恶。皆推己以及人，所谓恕也。不如是，则所令反其所好，而民不从矣。

李　贽：虽说“齐家”，到底只说“修身”，正为家之本在身。《大学》宗旨，“壹是皆以修身为本”耳。读者毋漫然读过，方是真读《大学》者。

张　岱：闭户造车，出门合辙，可想“不出家”之妙。“成教”最难言之而成文，行之而可远。常想家居欲有所示子侄，令僮仆顾己所未至，不觉口中愧缩，以知“成教”在教所不露处。此章言“机”，“平天下”言“矩”。执矩而运，言其均，握机而发，言其速。

第十章

所谓平天下在治其国者，上老老而民兴孝，上长长而民兴弟，上恤孤而民不倍，是以君子有絜矩之道也。所恶于上，毋以使下；所恶于下，毋以事上；所恶于前，毋以先后；所恶于后，毋以从前；所恶于右，毋以交于左；所恶于左，毋以交于右。此之谓絜矩之道。

《诗》云："乐只君子，民之父母。"民之所好好之，民之所恶恶之，此之谓民之父母。

《诗》云："节彼南山，维石岩岩。赫赫师尹，民具尔瞻。"有国者不可以不慎，辟则为天下僇矣！

《诗》云："殷之未丧师，克配上帝。仪监于殷，峻命不易。"道得众则得国，失众则失国。是故君子先慎乎德。有德此有人，有人此有土，有土此有财，有财此有用。德者本也，财者末也。外本内末，争民施夺。是故财聚则民散，财散则民聚。是故言悖而出者，亦悖而入；货悖而入者，亦悖而出。

《康诰》曰："惟命不于常。"道善则得之，不善则失之矣。

《楚书》曰："楚国无以为宝，惟善以为宝。"

舅犯曰："亡人无以为宝，仁亲以为宝。"

《秦誓》曰："若有一个臣，断断兮无他技，其心休休焉，其如有容焉。人之有技，若己有之；人之彦圣，其心好之；不啻若自其口出，寔能容之，以能保我子孙黎民，尚亦有利哉。人之有技，媢疾以恶之；人之彦圣，而违之俾不通，寔不能容，以不能保我子孙黎民，亦曰殆哉。”唯仁人放流之，迸诸四夷，不与同中国。此谓唯仁人为能爱人，能恶人。

见贤而不能举，举而不能先，命也；见不善而不能退，退而不能远，过也。好人之所恶，恶人之所好，是谓拂人之性，菑（灾）必逮夫身。是故君子有大道，必忠信以得之，骄泰以失之。

生财有大道：生之者众，食之者寡，为之者疾，用之者舒，则财恒足矣。仁者以财发身，不仁者以身发财。未有上好仁而下不好义者也，未有好义其事不终者也，未有府库财非其财者也。

孟献子曰：“畜马乘不察于鸡豚，伐冰之家不畜牛羊，百乘之家不畜聚敛之臣。与其有聚敛之臣，宁有盗臣。”此谓国不以利为利，以义为利也。

长国家而务财用者，必自小人矣，彼为善之。小人之使为国家，菑（灾）害并至。虽有善者，亦无如之何矣。此谓国不以利为利，以义为利也。

译文

所讲的平治天下，在于先治理好国家的道理，就是君主尊敬老人，人民就大兴孝道之风；君主礼遇长者，人民就大兴礼让之风；君主抚恤孤儿，人民就不背叛，所以君子有推己及人之道。厌恶上级的做法，决不把它用在下级；厌恶下级的做法，决不把它用在上级；厌恶前边人的做法，决不把它用在后边人；厌恶后边人的做法，决不把它用在前边人；厌恶右边人的做法，决不把它用在左边人；厌恶左边人的做法，决不把它用在右边人。这就叫作推己及人之道。

《诗经·小雅·南山有台》说："与民同乐的国君，是人民的父母官。"人民所喜好的，他们喜好；人民厌恶的，他们厌恶，这就是人民的父母官。

《诗经·小雅·节彼南山》说："节节耸立的南山，巨石伟岸。威风八面的太师尹，人民都仰视他。"国家的管理者不可以不审慎，如有偏邪之心，就会遭到天下人的反对。

《诗经·大雅·文王》说："殷朝未丧失民众的拥护时，天地也能接受他的祭祀。应该以殷灭亡为镜子，要懂得守住天命不容易。"这讲的就是得到人民拥护就能得到国家的大权，失去人民拥护就丧失国家大权。所以君子须先谨慎地加强道德修养。有道德才有人民拥戴，有了人民才有土地，有了土地才有财物，有财物才用度充裕。道德是根本，财物是末梢。忽略道德，重视财物，势必使人民养成争斗之风，互相劫夺。所以财货集中于几个统治者手里，人民就离心离德了；财货分散给大家，人民就聚拢在统治者周围。所以发出悖谬的号令，也会遭到悖谬的反抗。以不正当途径获取的货利，也会被人用不正当的手段夺走。

《尚书·康诰》说："天命不常在一人一家。"说的是修善行善就会得到天命，不修善行善就会失去天命。

《楚书》说："楚国没什么宝物，只有把善作为宝物。"

晋文公重耳之舅狐偃（字子犯）说："流亡在外的人没有什么宝物，只是把仁爱亲善作为宝物。"

《尚书·秦誓》说："如有一个臣子，忠厚老实，没有什么技能，但他的内心宽和善良，很能包容。别人有技能，如同他自己有一样；别人有美德，他内心欢喜；不但他口头如此表示，而且实质真是有容量，这样的臣子才能保护我的子孙与黎民百姓，也能为子孙百姓谋福利。如果别人有技能就嫉妒、憎恶人家，别人有美德就否定、压抑人家，对贤人君子实在是不能容纳，这样的臣子绝不能保护我的子孙与黎民百姓，这就是危险的了。”只有大仁大义之君，对此类邪佞之臣驱逐流放，把他们赶到边鄙地区，不使他们影响破坏中国文化。这就是说，只有仁人才能真正爱人，才能真正抑制邪恶。

发现贤才而不能举荐，即使举荐也不愿意放在自己前边，这就叫轻慢；发现邪佞而不能远离他，即使离开了也离得不远，这就叫过失。喜欢众人所厌恶的，厌恶众人所喜欢的，这是违背正常的人情事理，灾祸一定降临到他的身上。所以国君治国化民有个大原则，一定要通过忠信才能得到，如果骄横奢侈就会失去。

增加财富有个大原则：多生产、多创造，用起来要节俭；生产得快，用得要缓，那么财物就永远足用了。仁德的人散财而修德，不仁德的人丧德而敛财。没有君上喜好仁德，而下面不喜好正义的情况；没有喜欢正义，而做事却不能善始善终的情况；所以君主爱人亲民，就根本不会有人掠夺国君的府库钱财。

鲁国贤大夫公孙蔑说：“养得起马车的仕宦之家，就不要再养鸡养猪了；能有冰窖储存鱼肉的仕宦之家，就不要养牛养羊了；有百辆兵车的大夫之家，就不要设置搜刮民财的爪牙了。如果设置搜刮民财的爪牙，还不如安排一个偷盗自己的人呢！”这就是国家不以财富为利，以仁义为利啊。

作为国家的君主而只追求发财致富，一定要通过小人去完成，那些小人非常喜欢这样做。如果使小人管理国家，天灾人祸将一同袭来，即使有善德之人，也没有任何办法去制止。这就是国家不以财富为利益，以仁义为利益的道理。

诠评

絜（xié），用绳度量围长，引申为标准、表率、楷模。矩，方尺，引申为规范。絜矩之道，自己是楷模，能设身处地为他人着想，即推己及人之道。僇（lù），通戮，在此作侮辱解。《字汇·人部》："僇，辱也。"迸（bǐng），屏的假借字，逐、驱逐。"见贤而不能举，举而不能先，命也"的"命"，通慢（màn），轻慢。郑玄注："命，读为慢，声之误也。举贤而不能使君以先己，是轻慢于举人也。"

平治天下的统治者必须具有推己及人之道，凡事能做到"己所不欲，勿施于人"，"己欲立而立人，己欲达而达人"，"老吾老以及人之老，幼吾幼以及人之幼"。以自己的表率楷模作用影响感化民众，教育民众，使天下人都能明理晓义。《孟子·离娄上》孟子说："人人亲其亲、长其长，而天下平。"上行下效。《论语·颜渊》孔子说："君子之德风，小人之德草。草上之风，必偃。"《孟子·梁惠王上》孟子说："古之人所以大过人者，无他焉，善推其所为而已矣。"其实无论古代人还是现代人，多数人的思想多少都有一些将心比心、换位思考的成分。这就是人之所以为人，只不过善性多少不同而已。圣哲自然而然就能想人民之所想，乐人民之所乐，利人民之所利，一般官员需作出很大努力，经过学习圣贤高尚境界，而后反复实践，逐渐提高关心人民的思想境界。只要立志"明明德"、"止于至善"，虽费力，虽需多番改进，但一定能获得成功。这需要教育充分发挥作用，使得每个官员思想上去掉蒙蔽，"明明德"，努力达到至善境界。每个官员如能做到《论语·里仁》孔子说的"见贤思齐焉，见不贤而内自省也"，那就会逐渐都据有絜矩之道、推己及人之道，天下的事就好办了，天下就容易公平、公正了。

其实，《大学》一书的丰富内涵，并非原创，而是在《论语》、《诗经》、《尚书》、《易经》、《左传》等基础上，集中论述了如何做人、如何修养、如何做官的，即精益求精把诸经书的精华思想集腋成裘。所以《大学》一书在1 751字内全面论做人做官的深度、高度，简直是无以复加，无可取代，前无古人，后无来者。今日读来，仍新意赫然。其行文、引文，论证能力极强。

引《诗经·小雅·南山有台》“乐只君子，民之父母”，《诗经·小雅·节彼南山》“节彼南山，维石岩岩。赫赫师尹，民具尔瞻”，《诗经·大雅·文王》“殷之未丧师，克配上帝。仪监于殷，峻命不易”，都是讲统治者与人民的关系的，在上能由衷关爱人民，严格约束自己，自然得到人民的拥护，就会长治久安。具有絜矩之道的优秀的统治者具有五种法宝：一是与民同好恶；二是散财于民；三是以善为宝，以义为利；四是荐贤举能，举而能先，不与民争利，见不善而能退，退而能远；五是“生之者众，食之者寡，为之者疾，用之者舒”。有了这五种法宝，且不丧失，就能永享天年。这五点是中华民族优秀传统文化中如何做好统治者、如何做好官的指导思想。两千多年来，优秀的官员无不以此为标准。今天仍然具有直接借鉴的价值。

关于与民同好恶。《孟子·梁惠王下》第一章深入论述了“与民同乐”的重要性、必要性，只有与民同乐，人民才能由衷地拥戴国君，有了人民的拥戴，才能久安其位，享受天命。孟子认为，如果人民父子离散，饿死沟壑，而君主自享其乐，敲鼓击钟，田猎驰骋，那么人民就会憎恨统治者，恨不得让他们立即垮掉。为什么？就是因为统治者只顾自己享乐，不能与民同乐。不能与民同乐就是忽略了人民的意愿，甚至不管人民死活。自己穷奢极欲，岂能长久？尤其历朝末代帝王多系此类。《孟子·梁惠王下》：“乐民之乐者，民亦乐其乐；忧民之忧者，民亦忧其忧。”《孟子·离娄上》：“桀纣之失天下也，失其民也；失其民者，失其心也。得天下有道，得其民，斯得天下矣。得其民有道，得其心，斯得民矣。得其心有道，所欲与之聚之，所恶勿施尔也。”人民想得到的，统治者设法拿来给他们；人民讨厌的，不要强加给他们，统治者能做到与民同好同恶，就可以避免桀纣的下场。

关于散财于民，不与民争利。道理就这么清楚，“财聚则民散，财散则民聚”，财富过于集中在几个大地主、大财团、大官僚手中，人民则与统治者离心离德，各揣心腹事。《孟子·梁惠王下》载，邹穆公问孟子：其民“疾视其长上之死而不救，如之何则可也?”孟子说：“凶年饥岁，君之民老弱转乎沟壑，壮者散而之四方者，几千人矣；而君之仓廪实，府库充，有司莫以告，是上慢而残下也。曾子曰：‘戒之戒之！出乎尔者，反乎尔者也。’夫民今而后得反之也。君无尤焉。君行仁政，斯民亲其上，死其长矣。”

《汉书·董仲舒传》：“身宠而载高位，家温而食厚禄，因乘富贵之资力，以与民争利于下，民安能如之哉?”“富者奢侈羡溢，贫者穷极愁苦；穷极愁苦而上不救，则民不乐生，民不乐生，尚不避死，安能避罪？此刑罚所以蕃而奸邪不可胜者也。故受禄之家，食禄而已，不与民争业，然后利可均布，而民可家足。此上天之理，而亦太古之道，天子所宜法以为制，大夫之所当循以为行也。”董仲舒深刻地论证了统治者、为官者绝不能与民争利，官要与民争利，实质是剥夺民利，是导致官逼民反的原因，这是违背天理人心的。

关于以善为宝，以义为利。《尚书·康诰》说：“惟命不于常。”天授大命是因善与不善而变化的，它不是永恒不变的。要久享天命，那就久行善事，使天下万民久受其益。春秋时，楚国被中原认为是荆蛮之地，但其后来居上，不以“饭稻羹鱼”、地广兵强为宝，而谓“惟善以为宝”，说明善能守、能得、能安，不善则失、不能得、不能安的思想在春秋时已成为普世真理。晋文公重耳被其父爱妾骊姬所害，流亡各地，甚至到了少数民族地区，后来得以返回晋国为国君，一路上靠的是仁心与善意。《孟子·公孙丑上》：“取诸人以为善，是与人为善者也。故君子莫大乎与人为善。”自己向人家学习是为了修善、行善，最好是与大家共同修善行善。这是最大最好的事。《公羊传·僖公十七年》：“善善也乐终。”《公羊传·昭公二十年》："善善及子孙。"《易经·文言》："积善之家，必有余庆；积不善之家，必有余殃。"以财货为宝、以珠玉为宝者，必有灾殃，以善为宝者，必有大福，福及子孙。

《孟子》一书开篇就论证了国家、君主应该重义轻利。孟子说："何必曰利？亦有仁义而已矣。"不然，"上下交征利而国危矣"。司马迁于《史记·孟子荀卿列传》开篇即讲："余读《孟子》书，见梁惠王问：'何以利吾国？'未尝不废书而叹也，曰：'嗟乎！利诚乱之始也。'夫子罕言利者，常防其源也。故曰：'放于利而行，多怨。'自天子至于庶人，好利之弊何以异哉！"孔子认为，为了正义可以"杀身成仁"；孟子认为，为了正义可以"舍生取义"。《大学》最末章尤其概括了诸儒大师的思想精华，所以结论说："国不以利为利，以义为利也。"

关于见贤能举，举而能先；见不贤而能退，退而能远。中华民族有史以来，凡有作为的君主，无不举贤任能，无不远离谄佞奸邪。尧选舜，以女为其妻，以子为其臣；舜选禹；禹选皋陶、契；商汤选伊尹；周文王、周武王选姜子牙、周公旦；齐桓公用管仲；秦穆公用百里奚、蹇叔；汉高祖用萧何、张良；汉文帝用周勃、陈平；刘备用诸葛亮；唐太宗用房玄龄、魏征；等等，凡有所作为的君主无不重用贤能之士，无不充分发挥贤能之士的作用。见不贤而能退，且又退得坚决。诸葛亮《出师表》："亲贤臣，远小人，此先汉所以兴隆也；亲小人，远贤臣，此后汉所以倾颓也。"所以历朝历代有作为的君主都头脑清醒，洞察臣下肺腑，坚拒谄佞执政，远离奸邪。

齐桓公与其兄公子纠争君位，兵戎相交，其兄师傅管仲箭射其衣带钩，险些丧命。击败公子纠后，齐桓公师傅鲍叔牙力荐管仲为相，且力主放在自己前边，齐桓公不计前嫌重用了管仲。管仲辅佐齐桓公九合诸侯，一匡天下。《论语·宪问》孔子说："微管仲，吾其被发左衽矣。"可见，齐桓公为国用人，有气魄。而更可贵的是鲍叔牙，不但不嫉妒贤能之士，而且宁可自己不做官，也要把贤能之士推荐给国家。这真是高风亮节，这就是《大学》此章所讲的：“若有一个臣，断断兮无他技，其心休休焉，其如有容焉。”

《史记·高祖本纪》载，汉高祖临终前嘱咐吕太后说：“周勃厚重少文，然安刘氏天下者，必勃也。”即，“能保我子孙黎民者”。周勃后来果真在关键时刻以汉朝天下大局为重，与陈平联手，奋起诛诸吕，兴汉室，迎汉文帝继大统。古人这方面的经验教训应该汲取。以上可见，《大学》所论用人之道是历久不衰的真理。

关于“生之者众，食之者寡，为之者疾，用之者舒”。多生产食物，吃用要节俭；制造器物要快速，使用器物要减少消耗。有人认为不迅速消费，将影响生产。似乎也有点道理，但经不起推敲。无论如何发达的社会，生产的物资多么丰富，人民的欲望如无节制，生产得再多也满足不了无限膨胀的欲望。这一永恒的矛盾，我们伟大的先圣先贤在两千多年前就研究清楚了，无论生产如何发达进步，也必须节制人们的欲望。生产不断地提高，人们的欲望也随之提高，所以不断地增加生产，同时要不断地节制欲望。只有这样，财富才能不枯竭，甚至永远充足，社会才能平稳和平地发展下去。这就是中国传统文化的特点，总是留有余地。希腊式的债务危机，如在此类思想管理下就不会出现。重要的是，“生之者众，食之者寡，为之者疾，用之者舒”思想已融入具有传统文化的每个中国人的心目中，所以中国两千多年中无论遇到外敌入侵、天灾人祸，甚至是流离失所，哀鸿遍野，总能克服、战胜各种艰难险阻，使中华传统得以代代相传。这一要靠自强不息的奋斗精神；二是要靠积极生产，节制消耗。只有如此，中华民族才能在漫长的征途中凭借自己的奋斗、坚毅，不断获得新生。

以上五点，是大学所讲的治国、平天下的保障。做到了这五点的人，就是治国、平天下的圣贤。

名家点评

郑　玄：絜矩之道，善持其所有，以恕于人耳。治国之要尽于此。治民之道无他，取于己而已。君有逆命，则民有逆辞也；上贪于利，则下人侵畔。老子曰："多藏必厚亡。"仁人有财则务于施与，以起身成其令名，不仁之人有身贪于聚敛，以起财务成富。君行仁道则其臣必义，以义举事无不成者。其为诚然如己府库之时为己有也。务聚财为己用者，必忘义，是小人所为也。

朱　熹：絜，度也。矩，所以为方也。言此三者，上行下效，捷于影响，所谓家齐而国治也。亦可以见人心之所同，而不可使有一夫之不获矣。是以君子必当因其所同，推以度物，使彼我之间各得分愿，则上下四旁均齐方正，而天下平矣。……能絜矩而以民心为己心，则是爱民如子，而民爱之如父母矣。……在上者，人所瞻仰，不可不慎。若不能絜矩而好恶徇于一己之偏，则身弑国亡，为天下之大戮矣。……人君以德为外，以财为内，则是争斗其民，而施之以劫夺之教也。盖财者，人之所同欲，不能絜矩而欲专之，则民亦起而争夺矣。外本内末故财聚，争民施夺故民散，反是则有德而有人矣。……足国之道，在乎务本而节用，非必外本内末而后财可聚也。……仁者散财以得民，不仁者亡身以殖货。上好仁以爱其下，则下好义以忠其上，所以事必有终，而府库之财无悖出之患也。

李　贽：此篇文字最有条理，当以三言得失处为界限。第一截统言当"絜矩"也，然"絜矩"全在理财。故"先慎乎德"六节，言理财也。然理财又在用人，故"《楚书》曰"七节，言用人也。末后五节，总把用人、理财合说一番。字字精神，句句警策，最为吃紧，最为详明。真正学习，真正经济，内圣外王，具备此书。岂若后世儒者，高谈性命，清论玄微，把天下百姓痛痒置之不问，反以说及理财为浊耶！尝论不言理财者，绝不能平治天下。何也？民以食为天，从古圣帝明王无不留心于此者。故知《大学》一书，平天下之底本也。有志者，岂可视为举业筌蹄而已耶。

张 岱：絜有广狭，而矩无加损，就如一条木尺，起造广殿大厦，其木尺不加长也。故絜矩者，不难在絜，难在矩。须要星星不差，寸寸不忒，是一条准尺，方才絜得。“絜矩”“矩”字，与经文“格物”“格”字正相照应。持一准矩，便是物物之格式也。程伯子曰：“将身放在天地万物中，例看大小快活，此是絜矩之道。”

唐以残破之天下，用刘晏而富；宋以全盛之天下，用王安石而贫，何也？刘晏之术兼于用人，安石之术专于生财也。故“生之者众”四句，全是以人生财。平天下章理财用人，处处分说。此四句是合说。韩求仲曰：德为治平之本，财为治平之末。不是德为财本，财为德末。

主要参考文献

[1]（清）阮元校刻：《十三经注疏》，中华书局 1980 年版。

[2] 叶绍钧编：《十三经索引》，中华书局 1983 年版。

[3] 蒋伯潜著：《十三经概论》，上海古籍出版社 1983 年版。

[4]（唐）陆德明撰：《经典释文》，中华书局 1983 年版。

[5]（宋）朱熹集注：《四书集注》，岳麓书社 1985 年版。

[6]（明）邓退庵撰，祁珊洲重校：《精校四书补注备旨》，上海共和书局 1921 年版。

[7]（明）李贽著：《四书评》，上海人民出版社 1975 年版。

[8]（清）张岱著：《四书遇》，浙江古籍出版社 1985 年版。

[9]（清）王夫之撰：《船山遗书·读四书大全》，上海太平洋书店 1935 年版。

[10]（宋）钱时著：《四库全书珍本初集·经部二十六集·融堂四书管见》，沈阳出版社 1998 年版。

[11]（宋）袁甫著：《四库全书珍本初集·经部二十九集·蒙斋中庸讲义》，沈阳出版社 1998 年版。

[12]《四书章句集注》，《四库全书》第一九七册，上海古籍出版社 1987 年版。

[13]《四书大全》，《四库全书》第二〇五册，上海古籍出版社 1987 年版。

[14]《四书通证》，《四库全书》第二〇三册，上海古籍出版社 1987 年版。

[15]《大学中庸集说启蒙》，《四库全书》第二〇四册，上海古

籍出版社 1987 年版。

[16] 梁漱溟著编：《礼记大学篇伍严两家解说》，巴蜀书社 1988 年版。

附录

《大学》的教育思想

《大学》是《礼记》中的一篇。宋代理学家朱熹把这篇文章单独抽出来，作为四书之一。《四书》即《大学》、《中庸》、《论语》、《孟子》。《大学》和《学记》一样，也是先秦儒家重要的教育学专著。《大学》和《学记》的一致之处，是它们都站在儒家的立场上论述教育的目的和作用。但两者侧重点不同，《学记》的重点是论述了古代的学制体系、教育教学的原则方法以及教师问题等等；而《大学》的重点则是从目的到程序，提出了大学教育中比较完整的道德教育体系。它是先秦时期儒家道德教育思想和实践的总结，也是中国最早的自成体系的道德教育的一篇重要文献。

孔子讲德治，孟子讲仁政，荀子讲礼治，他们都重视教育对社会、对国家以及对人的培养、人性的改造所产生的作用，他们都把道德教育放在首要地位。《大学》正是总结了儒家关于道德教育和道德修养这一方面的思想和经验。《大学》坚持了儒家立场，把道德教育放在首位，认为只有培养出符合“圣贤君子”道德规范的新人，才能完成齐家、治国、平天下的历史重任。《大学》着重论述的是齐家、治国、平天下和道德教育、个人道德修养的一致性，从而建立了儒家道德教育的思想体系，为中国古代道德教育理论奠定了基础。

《大学》提出了大学教育的“三纲领”，即大学道德教育的三项目的任务：“大学之道，在明明德，在亲民，在止于至善。”

（1）“明明德”。第一个“明”是“动词”，第二个“明”是“形容词”。意思是说，大学道德教育的第一项目的任务，就是使人们先天的善性——“明德”得到进一步“明”复和发扬光大。这显然是思孟学派的先天性善论观点，强调发扬人的至德。

（2）“亲民”。意思是说，大学道德教育的第二项目的任务，在于亲爱人民，给人民以同情和仁爱。这是儒家仁政、德治思想的体现。朱熹《大学章句》引程颐曰：“亲”当作“新”。“新”者，革其旧之谓也，在于鼓励人们改革旧习，即使民众能日新又新，进步不已。这两种说法不同，道理是相通的，因为要新民必先亲民，亲民的目的，是为了新民。“明明德”是一种自觉的功夫，“亲民”则是“使先知觉后知，使先觉觉后觉”①。

（3）“止于至善”。止，至也。止于至善，谓达到极美好的境地而不迁移。意思是说，大学道德教育的第三项目的任务，在于引导人们达到善的最高境界。“为人君，止于仁；为人臣，止于敬；为人子，止于孝；为人父，止于慈；与国人交，止于信。”大学道德教育最后的目的，就是要止于至善，以至善为人生圆满的理想，小至个人，扩而大之，至于全人类，莫不如此。

《大学》把大学教育的程序概括为“八条目”，即大学道德教育的八项过程和步骤：格物、致知、诚意、正心、修身、齐家、治国、平天下。“古之欲明明德于天下者，先治其国；欲治其国者，先齐其家；欲齐其家者，先修其身；欲修其身者，先正其心；欲正其心者，先诚其意；欲诚其意者，先致其知；致知在格物。”

所谓“格物”，是研究社会道德伦理观念和规范及相关的知识；所谓“致知”，是使道德观念和规范的认识得到充实与提高。“八条目”中从“格物”、“致知”开始，即以道德观念的认识为起点。

所谓“诚意”，是要求做到“毋自欺”，“如恶恶臭，如好好

---

①《孟子·万章上》。

色”；所谓“正心”，在使人心不为“忿懥”、“恐惧”、“好乐”、“忧患”所动摇，而能一心爱好“至善”，坚定道德信念和意志。“八条目”中强调“诚意”、“正心”，即以道德信念的建立为中心。

所谓“修身”，是“条目”的中心环节，“格物”、“致知”、“诚意”、“正心”都是为了“修身”。其核心是“慎独”，亦即在个人独处的时候也能够谨慎地遵守道德规范，提高道德修养的自觉性。“自天子以至于庶人，壹是皆以修身为本。”这说明“八条目”中，突出“修身”以自觉性的培养（慎独）为根本要求。

格物、致知、诚意、正心、修身——属于“修己”范畴；“修己”的目的是为了“治人”。只有完成了“修己”，才能“治人”——才能“齐家”，然后才能“治国”，最后实现“平天下”的理想，即“修己”是为了“齐家”、“治国”、“平天下”。这说明“八条目”中，重视以齐家、治国、平天下为道德教育的实践目标。

总之，《大学》集中地论述了儒家的道德教育体系：以道德观念的认识为起点，以道德信念的建立为中心，以道德自觉性的培养为根本要求，以齐家、治国、平天下为实践目标。

这个道德教育的体系表明，从道德观念规范的认识开始，进而转化为道德意志和信念的建立，才能对道德行为产生指导作用和约束作用，这反映了道德教育的普遍规律。这里继承和发展了孔子的“知及之，仁不能守之，虽得之必失之”的思想，揭示并总结了这一客观规律，这对古代道德教育思想的发展是有价值的。

这个道德教育的体系突出了道德自觉性培养，提出了“慎独”，即当独自一人的时候，没有别人监视，只有自己知道，也要谨慎自觉，表里一致，言行一致，“不自欺”，如同“十目所视，十手所指”。这就要求道德信念十分坚定，毫不动摇，自觉地严格地去坚守道德规范。所以说这个道德教育体系包含了许多实践道德规范所不可缺少的合理因素。

这个道德教育的体系体现了孔子“忠恕之道”的精神，“夫子之道，忠恕而已矣”。“忠恕”就是“絜矩之道”。“所恶于上，毋以使下；所恶于下，毋以事上；所恶于前，毋以先后；所恶于后，毋以从前；所恶于右，毋以交于左；所恶于左，毋以交于右。此之谓絜矩之道。”如果自己厌恶上面的某些作风，就不要照样去对待下面；如果自己厌恶下面的某些作风，就不要照样去对待上面；自己厌恶前面的某些作风，就不要照样去对待后面；自己厌恶后面的某些作风，就不要照样对待前面；自己厌恶右边的某些作风，就不要照样去对待左边；自己厌恶左边的某些作风，就不要照样去对待右边。这就是所谓测量计度处处方正的方法。这里我们引朱熹注：“絜，度也；矩，所以为方也。”① 《说文·工部》：“巨，规巨也。”段玉裁注：“《周髀算经》曰：圆出于方，方出于矩……按：规矩二字，犹言法度，古不分别。规圆矩方者，圆出于方，圆方皆出于矩也。”正多边形的边无限增多就成了圆，故曰“圆出于方”。故“絜矩”就意谓衡量的法度。

这个道德教育的体系把个人的道德意识与道德修养看成是齐家、治国、平天下的前提，强调道德教育与道德修养是齐家、治国、平天下的根本。同时还讲了家与国的关系，它把家看成是国的缩影，把治家看成国家治乱的基础。“欲治其国者，先齐其家”，“一家仁，一国兴仁”。这里讲的“国”，指的是诸侯王国，秦灭后又出现了诸侯王割据的局面，所以提出了齐家、治国、平天下的问题，这也反映了儒家一贯要求结束社会动乱，实现天下致平局面的愿望。

关于《大学》的价值，孙中山在《民族主义》的讲稿中说得非常清楚。他说：“中国有一段最有系统的政治哲学，在外国的大政治家还没有见到，还没有说到那么清楚，就是《大学》中所说的‘格物、致知、诚意、正心、修身、齐家、治国、平天下’那一段

① 《四书章句集注·大学集注》。

的话，把一个人从内发扬到外，由一个人的内部做起，推到平天下止。像这样精微开展的理论，无论外国什么政治哲学家都没有见到，都没有说出。这就是我们政治哲学的智识中独有的宝贝，是应该要保存的。"①《大学》能够把个人内在德性的修养，以至外在事业的完成，一贯连续，包罗无遗，而且本末先后，有条不紊；有志之士，循序渐进，自能修己安人，成己成物。

（郭齐家）

①《孙中山全集》第九卷，中华书局1986年版，第247页。

后 记

《大学》译注本即将付梓，我满怀喜悦，全国教育科学“十五”规划课题“‘四书’的现代教育价值”的研究工作即将全部完成。其间恰是我深入学习“四书”精华思想的过程，也是我体悟、学习实践人生高境界的过程。因此，完成了课题，也些许提高了自己的精神境界，有所悟通荀子所论“学不可以已”的深层含义。诚可谓“初虽劳苦，卒获其庆”。天蓝水清，身心和畅。

我的学生刘海涛、赵伟恐我过劳，乘隙促成我与老伴去滁州醉翁亭小憩。有幸再次瞻仰修己治世以安人民的贤达。无论欧阳修、王禹偁，还是苏氏父子三人、曾巩兄弟，无不是持续由内而外地加强自身修养，体恤民情，忧民所忧，乐民所乐。达此境界者，无论遇上什么艰难险阻，而报国安民之志不移，无论如何腾达，仍然“好问而好察迩言，隐恶而扬善，执其两端用其中于民”。

大而观之，历史上凡有大作为者，凡经得住历史考验者，大都本修己安人之道，表率风范，爱人亲民，治国化民。

中华民族优秀传统文化道德修养之核心，即儒家道德修养之根本，就是“诚意、正心、修身”，故《大学》实为儒学之精华。教者、学者不可不明。

于此由衷感谢北京师范大学博士生导师郭齐家教授对我的研究工作所给予的真诚支持，赐教赐序；由衷感谢人民教育出版社郭戈先生、刘立德先生、冯卫斌先生、胡兰江女士等有关领导和编审人员的大力指导和帮助。

由衷感谢陈紫天博士，于我研究《大学》之初所给予的真诚帮助。

四竹学友刘奇先生、杨志宏先生、张淑华先生、黄双先生、吴冰先生对本书观点的锤炼推敲，皆付出了聪明才智。谨此一并致谢！

刘兆伟

2015年9月10日